"最美中国"丛书(第二版)

最美的民俗

许若齐 著

合肥工業大學出版社

图书在版编目(CIP)数据

最美的民俗/许若齐著 .—2 版 .—合肥:合肥工业大学出版社,2017. 12

(最美中国丛书)

ISBN 978 - 7 - 5650 - 3761 - 0

Ⅰ. ①最…　Ⅱ. ①许…　Ⅲ. ①风俗习惯—介绍—中国　Ⅳ. ①K892

中国版本图书馆 CIP 数据核字(2017)第 325267 号

最美的民俗

许若齐　著　　　　责任编辑　朱移山　张　慧

出　版	合肥工业大学出版社	版　次	2011 年 12 月第 1 版
地　址	合肥市屯溪路 193 号		2017 年 12 月第 2 版
邮　编	230009	印　次	2017 年 12 月第 4 次印刷
电　话	总　编　室:0551 - 62903038	开　本	710 毫米×1000 毫米　1/16
	市场营销部:0551 - 62903198	印　张	10　　字　数　134 千字
网　址	www. hfutpress. com. cn	印　刷	安徽联众印刷有限公司
E-mail	hfutpress@ 163. com	发　行	全国新华书店

ISBN 978 - 7 - 5650 - 3761 - 0　　　　定价: 30. 00 元

如果有影响阅读的印装质量问题,请与出版社市场营销部联系调换。

序

赵焰

一直以为，中国传统文化的精髓，从时间上说，是在明朝之前的。明朝之前，占据社会主流的，是清明理性的孔孟之道。崇尚自然、游离社会的道学，作为主流思想的补充，与儒学一起“相辅相成”、“一阴一阳”，使得社会主流思想具有强大活力。从总体上来说，中国文化的源头，无论是周公、老子、孔子，还是后来的诸子百家，比如说孟子、荀子、庄子、韩非子、墨子等等，都对人生保持清醒、冷静的理性态度，保持孔子学说实践理性的基本精神，即对待人生、社会的积极进取精神；服从理性的清醒态度；重实用轻思辨、重人事轻鬼神的思维模式；善于协调，讲究秩序，在人伦日用中保持满足和平衡的生活习惯……中国文化的源头如此，决定了汉民族的心理结构和精神走向，包括汉民族理想追求、文化风格以及审美倾向。

中国文化在明朝之前，占据社会主流的，是高蹈的士大夫精神。最显著的表现在于：人们遵从天地人伦之间的道德，有高远的理想，讲究人格的修炼，反对人生世俗化，鄙视犬儒的人格特征。从春秋时代起，中国知识分子一直以“修身齐家治国平天下”为人生使命，以追求道德、知识和审美为人生归宿。比如说孔子，从他的言语来看，更像是倡导一种人生价值观，追求人生的美学意义。又比如说庄子，他的学说，不像是哲学，更像是一种生活美学：道是无情却有情，看似说了很多超脱、冷酷的话，实际上透露出对于生命、本真的眷恋和爱护，要求对整体人生采取审美观照态度，不计功利是非，忘乎物我、主客、人己，以达到安详和宁静，让自我与整个宇宙合为一体。这种贯穿着士大夫精神的人生价值观，让人忘怀得失摆脱利害，超越种种庸俗无聊的现实计较和生活束缚，或高举远蹈，或怡然自适，或回归自然，在前进和后退中获得生活的力量和生命的意趣。这就是中国历代士大夫知识分子一以贯之的艺术清洁精神。英国大哲学家罗素曾经说：“在艺术上，他们（中国人）追求精美，在生活上，他们追求情理。”这是说到关键了。

中国人的生活哲学就是如此，一方面高旷而幽远，另一方面也连着“地气”，是自发的浪漫主义和自发的经典主义的结合。道家是中国人思想的浪漫派，儒家是思想的经典派。当东汉年间佛教传入之后，这种以出世和解脱为目的的宗教体系遭到了儒学和道教的抵抗，从而消解了印度佛教中很多寡凉的成分。经过“中庸之道”的过滤，其中极端的成分得到了淡化，避免了理论或实践上的过火行为。也因此，一种中国特色的佛教观产生了，佛教在中国更多变身为“生活禅”，变成一种热爱生活创造人生的方式。中国人一方面避免了极端的“出世”之路，另一方面，由于心灵的滋养、美智的开发，使得东汉魏晋，包括后来的南北朝、隋唐、五代十国以及唐宋元产生了很多高妙的艺术，“艺术人生”的观念也随之如植物一样葳蕤生长。可以说，这些朝代，是中国最具审美价值、最开人们心智、也最出艺术珍品的年代。也因此，很多艺术种类都在这个阶段达到了高峰，比如说唐诗、宋词、元曲、书法、绘画、音乐、舞蹈等等，它们洋溢着一种高蹈的精神追求，境界高远，洁净空旷，如清风明月，如古松苍翠。从审美上看，由于存有或明或暗的观照，存有人格与事物的交融，主题得到了提升，感悟与生命同在，境界与天地相齐，一种深远的“禅意”油然而生……从总体境界上来看，这一阶段的各类艺术形式，因为主题和境界的破对立、空物我、泯主客、齐生死、反认知、重感悟、亲自然、寻超脱等等，达到了各自的高峰。它们是最能代表中国文化精髓的。

中国的艺术精神到了明清之后，有低矮化的倾向。明清以后，由于社会形态的变化，专制制度进一步严酷；加上统治者出身和教育的局限，以及愚民政策的目的，整体文化和审美呈低俗化的倾向，社会和人生的自由度越来越窄，艺术的想象空间越来越逼仄，艺术作品的精神高度下降。随着“程朱理学”和科举制度的推行，人们的想象力、创造力被扼制，审美弱化，艺术更趋“侏儒化”、“弱智化”。大众普罗的喜好抬头，刚正不阿的风骨软化，崇尚自由、自然、提升的审美精神也在丧失。不过尽管如此，在明清时代的中晚期，那种崇尚自然、物我两忘的高贵精神仍时有抬头，一批有着真正艺术精神的独立艺术作品或有出现。尽管如此，士大夫精神已不是艺术美和生活美的主旋律，它只是一种空谷幽兰的生命绝响。

近现代之后，由于社会动荡，战乱连连，再加上西方现代化所导致的实用主义、功利主义的渗入，中国的文学艺术遭到了进一步摧残，传统的艺术精神更进一步沉沦。艺术的政治化倾向、实用主义倾向和世俗主义倾向抬头，这直接导致了真正的艺术精神缺失，艺术的品位下降，高蹈精神向世俗俯首，自然和自由变身为功利和实用，士大夫精神更是变身为犬儒主义。中国近现代上百年的屈辱和战乱，更使得中国自古以来高洁的审美观变得扭曲和肤浅：黄钟大吕变成田野俚语，布衣青衫变成了披红挂绿，古琴琵琶变成了锣鼓鞭炮，洁身自好变成了争相取宠，安详宁静变成喧哗骚动，幽默风趣变成庸俗不堪……如果说是与非、美与丑是人类最基本标准的话，那么，很长一段时间里，这种基本标准都在丧失，很多人已分辨不了是与非，也分辨不了美与丑。“文革”时期八个脸谱化的样板戏在左右着中国人的全部精神生活，这样的现象，又何尝不令人扼腕叹息！

如果说中国当代教育存在着诸多问题的话，那么，以我的理解，当代教育最大的问题，甚至不是传统丢失、精神扭曲以及弱智低能，而是在美育上的缺失。很多年来，人们丧失了一些最基本的判断，不知道什么是美的，什么是丑的；很多人将美当成丑，将丑当成美，从而失去了美的方向性。这一点，只要观察我们周围的人们，就可以得出结论——在我们的周围，到处都是对于生活没有感觉，对于美丑没有鉴别的人。他们所拥有的，只是功利，只是物质，只是金钱，只是对美丑的弱智的鉴别和判断。这些人不仅仅是一些教育低下的人，甚至一些貌似受过良好教育的人也是这样——他们虽然拥有很高的学历，有很好的教育背景，但在美丑的辨别力，以及对于艺术、心灵的觉察力、感悟力和理解力上，同样表现得能力低下、缺乏常识。这样的现象，实际上是我们多年以来的教育缺乏美育，缺乏精神导向的结果。一个人的审美，是与道德和智慧联系在一起的，审美的缺失，实际上也是道德和智慧的缺失。一个对美缺乏判断力的人，很容易在人生中缺乏动力和方向，也很容易被民族主义、法西斯主义、极端主义、工业主义所奴役，成为过度现代化的牺牲品。在很多时候，这种人不可能是一个丰富的生命，只是一架精神匮乏的机器。 现在，这一套由合肥工业大学出版社精心组织的“最美中国丛书”，似乎在某种程度上，弥补了一些“寻根”和美育上的缺失。这一套书的第一辑共十本，它们分别是：《最美的思想》《最美的品格》《最美的女性》《最美的诗歌》《最美的文辞》《最美的书画》《最美的宝藏》《最美的乐舞》《最美的风物》《最美的民俗》，旨在于“重建中国优美形象，重构华夏诗意生活”，通过对古代思想、伦理道德、文学艺术、风景民俗等的重新梳理，重新发现中国特有的美，倾情向世人推介这种美，以期真正的美得到传承。这套书知识精准，图文并茂，力求童趣与大美的融合，悦目和感人的统一。对于正在成长的青少年来说，这一套书，应是一个不错的选择，最起码它可以让人知道，什么是中国的最美，什么是中国真正的美。

上个世纪初，著名教育家蔡元培先生曾经提出过著名的“五育并举”教育方针，“五育”为：军国民教育、实利主义教育、公民道德教育、世界观教育、美感教育。其中，美感教育尤其有特色，蔡先生还以“以美育代宗教”的口号闻名于世。在蔡元培看来，美育是宗教的初级阶段，对于没有宗教传统的中国人来说，美育教育是一种基础，并且相对宗教，美育更安全，更普及，也更为人接受。通过美育，可以培育出道德是非的基础，培育出向上的力量。虽然蔡元培的这一观点引起过一番争论，但对于一个人来说，有美的熏陶，有对于美丑的正确判断，怎么都不能说是一件坏事。并且，美与是非，与善恶，与道德，与人类的心灵，与这个世界的根本，是联系在一起的。以对美的判断和感知为出发点，了解中国历史，了解中国文化，了解中国人曾经的艺术生活，了解一个民族的内心世界；从而进一步了解世界，了解世界的规律，与身边的一切做到和谐相处，都是大有好处的。

也许，这套书的意义就在于此。

目　录

第一篇　梦里不知身是客

第二篇　不问苍生问鬼神

第三篇　年年岁岁花相似

第四篇　绿杨阴里荡秋千

第五篇　日暮酒醒人已远

百年好合

男大当婚，女大当嫁。对世间大多数人而言，结婚是一生一世的大事，一生只有一次，因此马虎不得，得讲究基本的礼仪和习俗，得风风光光、红红火火。

纵然在《诗经》中有“关关雎鸠，在河之洲；窈窕淑女，君子好逑”的大胆表白，但在漫长的中国传统社会里，封建思想大行其道，男女之间的交往，总体来说是保守、禁锢的，“男女授受不亲”。特别是女子，古代那些深宅大院中的妙龄小姐，日子虽过得锦衣玉食，但哪个少女不怀春呢？“生在深闺人未识，是妍是媸无人知晓”，是她们的深深感喟。像《西厢记》中，崔莺莺与张生能够密约，在后花园偷偷相会的，毕竟是少之又少，寥寥无几。

这时男女的婚姻，就需要一个牵线搭桥的人，这人是媒人，也叫红娘、月下老人。古人强调“天上无云不下雨，地上无媒不成亲”。男女双方一般都要经人从中说合，才能“结丝罗”，“谐秦晋”，“结连理”，“通二姓之好”。媒人在传统婚姻中作用非同小可，千里姻缘一线牵，媒人就是那根线。

婚姻成不成，媒人占七成。媒人一张嘴，是人也是鬼。媒人作用不小，《诗经》咏叹道：“伐柯如何？匪斧不克。取妻如何？匪媒不得。”它的意思是：怎样才能砍下大的树枝？不用斧头砍不断它；怎样才能娶到妻子？没有媒人成不了婚。

这媒人一般是男方父母请托的，告知看中了谁家的女儿，请媒人捎话、说合。一般媒人都是一个村子里能说会道的，对附近村落的俊男靓女了如指掌。中老年女子较多，俗称媒婆。这媒婆在乡间吃香的喝辣的，红人一个。

古代男女婚配较早，一般十三岁就定了。所以民间有“十三爹、十四娘”的说法。若对方女子没有订亲，男方便会相亲，有的甚至是娃娃亲。男方在媒人的带领下，到女方家中访问。相亲的日子，媒人预先定好，并通知男女双方，因此，双方都要做好准备。男方要根据女方父母的爱好，准备一点礼物；礼物虽并不在乎数量多、价值高，但一定要投其所好，切

忌触犯对方父母的禁忌；女方要洒扫庭院，准备待客。男女双方都要打扮得大方入时、风度得体，以便给对方留一个好印象。

这第一次相亲，男女当事人不得直接接触，最多只能打个照面，女子就退下了。女子然后躲在门后，隔着帘子观察对方，或是躲在楼上瞧。在

世界文化遗产地徽州西递、宏村古民居中，厅堂的楼板上，常常有一块活动的四方板，据说，那是专门留给姑娘相亲时观察男子的。相亲的结果，往往并不立即表白，而是暗示。如同意，就留男方和媒人吃饭，不同意就任男方告辞，甚至托媒人将男方带来的见面礼带走。

有时女方父母对婚事暂不表态，那么再由媒人带领，到男家去看，这叫“看人家”。看人家时，男方父母奉上香茶一杯，然后和女方父母交谈。女方父母通过察看、交谈，如果对婚事认可，就将香茶喝尽，男方父母立即以“亲家”相称，并盛情款待客人。否则，女方父母起身告辞，男方不得强留。

有戏之后，便是过礼。过礼之先，要看男女八字是否相合。生辰八字是指出生的年月日时，古人用天干地支纪年，年月日时都是两个字，如辛卯、甲午、戊戌等。男女双方互送八字到对方，然后请算命先生推算一下，看“生辰八字”是否相合，有无克异。民间认为，男女生肖犯“对冲”的不宜婚配。所谓犯“对冲”，是指子、午相冲，丑、未相冲，寅、申相冲，巳、亥相冲，辰、戌相冲，卯、酉相冲，共“六冲”。各地都有“白马怕青牛，兔龙泪交流，猪狗不到头，蛇虎如刀错，羊鼠一旦休”之类的俗语。这些说法现代看来属无稽之谈，但古人信。如果不合，婚事就黄了。

合八字后，便是订婚。媒人要选吉日。一般男方要向女方送一笔礼，有六色礼，包封一个，给姑娘东西若干。包封里封多少钱，一般事先由媒人同双方协商好，根据家境而定，力求节俭，少收聘礼。订婚在古代类似于今天的结婚登记，虽没有法律效力，但有道德约束力，意味着男女双方从此不得轻易反悔，只等来日成亲。

过些日子，便择日完婚，自然也得黄道吉日，双方确定婚期，便发出喜柬，请亲朋好友届时来参加婚礼。一般要登门约请，以示敬意。

大喜之日，女家在花轿到来之前，准备好喜筵。姑娘要由母亲或姐姐梳头，用丝线绞去脸上的汗毛，化好妆，谓之“开脸”，然后饰上凤冠霞帔，蒙上红布盖头，等待迎亲的花轿。

花轿一到，女家动乐鸣炮相迎。迎亲队伍进入女家堂屋后，花轿落好，新郎叩拜岳父岳母，并呈上以其父名义写好的大红迎亲简帖，接着是女家动乐开筵。

宴席之后，鞭炮声声，新郎新娘在媒人的引导下，向新娘的祖宗牌位和长辈行过礼，随之伴娘就搀着新娘上花轿了。上轿前，新娘必须哭几声、流几滴泪，以示对父母家人的依恋与不舍。乡村讲究越哭越发，这哭是有一套学问，要会哭，有一套哭词，既能打动人，又不至于过分伤心。新娘出门，在一些乡村，往往是由兄弟背出去，而且鞋子脱掉，出门后另换一双鞋。意味着嫁出门的女，泼出去的水，不能将娘家的财气带走。

新娘上轿后，即奏乐鸣炮，启轿发亲。乐队在前，乐队后面是新郎（有条件的要骑马），接着是花轿和其他送亲的人员。

接亲队伍临近新郎家时，男家鸣炮动乐，花轿停在新郎家的堂屋门前，男家请的伴娘（一般是年轻貌美的女子）上前掀起轿帘，将新娘搀下轿来，傧相上前赞礼，宾客向新郎、新娘身上撒花（一般用红、黄各色纸屑替代），新郎将新娘背到家中，以示新娘是接过来的。

仪式开始。香案上，香烟缭绕，红烛高烧，亲朋好友、职司人员各就各位。傧相二人分别以“引赞”和“通赞”的身份出现，开始赞礼，“一拜天地，二拜高堂，夫妻对拜”，最后才能“引进洞房”。

拜堂之后，新娘便在新房落座，不再出来。新郎要走出新房接待来客。

喜筵按来客的尊卑长幼排定，原则是上尊下卑，右尊左卑，客人按其长幼和身份、地位从高到低排列座次。

主席要摆在堂屋上方正中，请“大亲”坐上首右边席位，舅父坐上首左边席位作陪，其余按尊卑长幼对号入座。

座位排定后，傧相宣布开宴，新郎先到首席斟酒敬酒，说几句表示感谢的话；然后，厨房上第一道菜，大家便可以热热闹闹地喝喜酒，开怀畅饮了。

喜宴结束，便开始闹洞房。过去，由于很多新人婚前不熟悉甚至不相识，而新婚之夜，两个陌生男女第一次生活在同一空间，心理上可能或多或少会感到不自在。闹洞房，无疑是通过公众游戏的方式，让新人消除隔阂，捅破羞怯的“窗户纸”。闹洞房的形式花样繁多，多是一些娱乐活动，同时要多说一些吉利的话，俗称撒帐，这撒帐歌内容十分丰富，听起来也是挺有韵味的，多是早生贵子之类的。还要往床上撒些枣子、花生、红豆之类的瓜果。

结婚三天，新娘便要偕同新郎一起回娘家，也称“回门”。这是一种必不可少的礼节。

岳父岳母非常重视这第三天的回门，俗称“敬女婿，便如敬皇帝”，自然新郎事先要有所准备，争取给岳父岳母及女方亲朋好友留下愉快的印象。

礼品事先备齐，买新娘家老人喜欢的礼品，礼品一般有四件。回门一般在上午九十点钟动身。新郎新娘应该像参加婚礼那样认真修饰、打扮，保持婚礼上那漂亮、俊美的形象。那天，岳父岳母自然要请亲友和有头脸的人物作陪，很是盛情款待一番。回门结束，意味着整个婚庆结束了，同时，宣告了女子从此正式是泼出门的水，回娘家不再自由了。

婚俗虽然有些繁，但繁中有着太多的人生体味。

寿比南山

福如东海，寿比南山。这是人们常用的祝福语，可见，延年益寿是每个人心中都渴盼的一份美好愿望。

人生有段。六十岁为花甲，七十岁为古稀，八十、九十称为耄耋，百岁称为期颐。凡六十岁以上寿辰，都视为大寿、上寿，家人都要及时庆祝。一般说年龄越大，做寿越隆重。做寿一般是晚辈给长辈做。大抵在四十岁以后。四十一般是不能做寿的，因为四与死同音。小孩子的生日庆祝活动，一般不能称做寿。六十甲子、七十古稀、八十大寿，以及其他逢五、逢十的寿礼，讲究些，隆重些，其他寿辰可不大办。

越剧、黄梅戏中，都有一个传统剧目，叫他《五女拜寿》，反映的就

是明代户部侍郎杨继康家五个女儿给其做寿，从而引发了一场悲欢离合的故事，可见做寿在民间是件隆重的事情。

我们国家地域广大，文化背景不同，风情各异，各地贺寿的风俗，自

然不尽相同。从贺寿的年龄来看，一般是男性做九不做十，女性做足不做零。也就是说男性老人到五十九岁，就可做六十大寿。女性老人一定要足岁做寿，如六十、七十可做寿。一般是每隔十年做一次大的生日。从祝寿的时间来看，一般是以生日那天，以农历为准，因为我们国家古代是以天干地支来纪年的。但各地是有差异的，比如安徽的淮北地区给老人祝寿的时间，不按生日时间，而多选定农历正月的日子："六十六，取初六"；"七十一，正十一"；"七十三，年初三；"八十、九十，年初十"；"八十四，年初四"。

传统的贺寿，自然是有一套礼仪的。一般是先设寿堂，可以在家中，也可以在大祠堂里进行，在寿堂的正中，要摆上一对粗大的红色寿烛，好几斤重的，点燃后，让其大放光明；其余的地方也要点，但可以小一些，图吉利。另外，还要在厅堂正中及两侧，挂些寿幛，到处是张灯结彩，披红挂绿，花团锦簇，布置一新，人头接踵。

寿堂的正中一般设立寿翁之位，这个位置一般比较大一些。祝寿时，寿者坐在寿翁之位上，司仪唱仪式，亲友晚辈逐一上寿，辈分不同，礼数有别，平辈行一揖，子侄以下各辈则拜四拜。有的祝寿仪式不设寿堂，客人及儿孙辈齐集于厅堂上，分批向寿者行跪拜之礼。寿礼的一项重要内容是寿宴，主家一般设盛大酒席，款待众来宾。主人请贺客入席，先吃茶点，茶点为寿桃、寿糕，后吃面条，此面条必不可少，俗称"长寿面"，然后才正式开宴。宴席为十大碗荤菜，意为十全十美，也有八碗、十二碗的。在宴会进行中，上第三道菜时，寿者的儿子就要到席前向贺客致谢，共同举杯，欢饮几盅。

前来祝寿的来宾，一般都要携带寿礼，如寿桃、寿糕、寿面、寿画、寿联、万年伞等，一定要吉利的。如果夫妻健在的话，一般要送双份。这些礼品中有的还带有象征长寿的图案，如“五福捧寿”、“龟鹤齐龄”、“松鹤同春”等。礼品要全装入礼盒，打着旗、伞，敲着锣鼓，吹奏喇叭等，一路送到寿星的家里，老人家则要以锣鼓、鞭炮来热烈相迎。

还有些在社会上有一定声望、有一定地位的人家，为炫耀老人身世，大办寿宴，亲友凑钱赠匾祝寿，木匾黑漆金字，一般上面刻的是“熙朝人瑞”、“年高德劭”等祝辞，还有寿幛、寿联、寿烛等等，匾上披红挂彩，燃放鞭炮送至寿星家中，立即悬挂大厅上。

有一些富裕家庭，为老人做寿时，还要请道士、和尚做“预修”，即诵经做寿醮，祈求神灵保佑，使老人长寿。

这里要特别提一下寿桃，这是在老人寿诞之日，晚辈常常要献祝的，表示祝贺和敬意。我们家乡一般都是由女儿准备的，一个女儿一般送500个，寿桃是用米粉或面粉做的，有的还拌有各种馅料。一定的米粉或面粉，用适量的开水揉，搅拌均匀后，用寿桃的印模制作，再把它蒸熟，有的还要点上红。

此俗由来已久，据《汉武帝内传》载，七月七日，西王母降，以仙桃四颗与帝，称“此桃三千年一生实”。又传说东方朔三次偷吃西王母的仙桃，可居寿一万八千以上。后来，献寿桃相沿成俗，由于人之寿诞非都在桃熟之时，故寿桃多为人工制成。寿桃一般由家人或亲友向寿星敬献。献寿桃时，老人要着节日服装，在寿堂前迎接，一般敬献寿桃数为九，一桃象征寿，八桃象征八仙，寓意是八仙献寿。有些地区献八桃，表示八福长寿。过去敬献的桃要放在寿堂几案上，九桃相叠为一盘，三盘并列，献寿桃，表达了晚辈对老人的敬意和祝福。

时代在发展，社会在进步。现代社会人们也做寿，不过礼仪上跟以前比，有所变化。家庭祝寿的仪式规模，有大小之分，不是逢十的“整寿”，规模可小些，仅有家庭内部的直系亲属参加，举行小家宴，给寿星吃“长寿面”，送寿星一些生日礼品，如寿糕、寿桃等。也有不备生日礼品，仅举行家宴的。

逢十的“整寿”，特别是六十、八十等寿辰，祝寿的规模可大些，人数可多些，要邀请亲朋好友来参加。祝寿时，生日蜡烛和寿糕（或生日蛋糕）必不可少，还要有茶点、饮料，有的还备酒席。祝寿活动开始，先点燃寿烛，大家起立向寿星祝寿，家人代表和宾朋要说几句祝辞，然后吹熄生日蜡烛，年纪大者可象征性地吹一口，也可以齐唱《祝你生日快乐》的歌曲，在歌声中将寿糕（或生日蛋糕）切成若干份，先送给寿星，然后其他人每人一块。这时还可以喝些饮料，用些茶点、水果；办酒席的可喝酒、进餐。寿宴结束后，要进行拜寿，平辈行一揖，晚辈则要鞠躬，客人拜寿时，还要直接给寿星上寿品，寿星也应还礼道谢，拜完寿，还可以搞些余兴小节目。

贺寿的礼仪与方式可以不断地变，但有一点是相同的，就是贺寿其实表达的是一种美好的祝愿，这是最重要的。

年　画

年画在我幼时的记忆里是温馨且美好的。家徒四壁，空空如也，年画一上墙，确实添了许多喜庆与红火。一般是一年换一次，总希望那画上鲜美的寿桃、金红的鲤鱼能够即刻变现，以解不可抑制的馋念。当然，这都是一厢情愿的痴心妄想。年画上的人物、故事倒对我进行了最早的知识启蒙——历史的、文学的。我知道了秦琼、尉迟恭，进而晓得了唐太宗李世民和他的爸爸李渊。顺藤摸瓜，也大致了解了隋炀帝是怎么回事。可以这样说，我读书的起点是看年画。春节去人家拜年，喜欢东张西望；多少年后高考，历史一科几近满分，年画的潜移默化作用功不可没。

年画的叫法很多，北京叫“画片”、“卫画”，苏州叫“画张”，浙江叫“花纸”，福建叫“神符”，四川叫“斗方”。历史上，民间对年画亦有多种称呼：宋朝叫“纸画”，明朝叫“画贴”，清朝叫“画片”，直到清朝道光年间，文人李光庭在文章中写道：“扫舍之后，便贴年画，稚子之戏耳。”年画由此定名。年画起源于古代的门神画，据东汉《独断》记载，汉代民间已有门上贴的“神荼”、“郁垒”升像。相传唐太宗李世民时，宫中闹鬼，李世民吓得心神不定，睡不好觉，他手下的大将秦叔宝、尉迟恭便一个持剑、一个拿叉，昼夜替李世民站岗壮胆，宫中才平静下来。李世民觉得这两位大将太辛苦了，便令画师把二位将军的威武形象绘在宫门上。后来这一形式流传到民间，遂成年画。现存最早的年画是宋版的《随朝窈窕呈倾国之芳容》，画的是王昭君、赵飞燕、班姬、绿珠这四大绝色美女，习称《四美图》。

宋代政治相对宽松，文化发达，年画亦是一佐证。镂版雕印的出现以及春节活动的丰富促使年画得到发展，题材也愈加丰富，风俗、仕女、娃娃、戏曲皆入画，灶王爷也在其中了。 明清时期可谓是木版年画的鼎盛期，特别是明代中后期版画的兴盛，彩色套印技术的成熟大大促进了木版年画的绘制与销行。保存下来的，有明万历年间最流行的彩色套印的木刻福禄寿三星图、天官赐福图等。年画题材有春牛、灶马、芒神等，更有历史故事的“孟母教子”、“岳飞枪挑小梁王”，民间传说“牛郎织女”、“白蛇传”等。《三国演义》、《水浒》等古典文学名著，由于年画的普及而家喻户晓。清代年画除了人物、花卉、山水等艺术作品外，还有“老鼠嫁女”、“王婆骂鸡”等讽喻画，以及用歇后语构成的连环图画，给人以一种幽默感。印制方面亦有各种各样，有木版、有石印、有胶版；有国画、有水彩、有炭彩、有图案、有单线平涂；有仿古、有创作，甚至有翻印西洋画的，姑苏年画中之“西洋之剧场”便是。清代末叶开始流行石印及胶版印刷的年画，盛行“月份牌年画”，如同今天的挂历，主要集中在上海、天津等开埠之地。

苏州桃花坞、天津杨柳青、山东潍坊和四川绵竹，是我国著名的四大民间木刻年画产地，历史上久负盛名，亦被誉为中国“年画四大家”。

苏州桃花坞年画始于明代，鼎盛于清朝雍正、乾隆年间。桃花坞年画，主要有门画、中画和屏条等形式，其中门画可谓集历代门神之大全。桃花坞年画，系用一版一色的木版套印方法印刷出来，工艺精美，一幅画要套印四五次至十几次，在色彩上，有桃红、大红、蓝、紫、绿、淡墨、柠檬黄等诸色。构图丰富，色调艳丽，装饰性强，富有浓郁的生活气息。

天津杨柳青年画始于明代崇祯年间，风行于清代雍正、乾隆、光绪年间。年画内容多取材于传统戏曲、美女及胖娃娃等。在艺术风格上，杨柳青年画构图丰满，线条工整，色彩鲜艳，在人物的头部、脸部等重要部位，多以金色晕染，自成一格。

山东潍坊杨家埠年画已有500多年的历史，盛于清代，流行于黄河下游地区。其风格重用原色，想象丰富，线条粗犷而对比有力。

四川绵竹年画形式多样，有门画、斗方、画条等种类，造型质朴简练，填色鲜艳悦目，以雕版艺术精湛、艺术情调高昂著称。

此外，朱仙镇木版年画也堪称中国民间艺术宝库中的一颗明珠。虽然是个小镇，在古代却名列中国四大古镇之一。特别是北宋末年岳飞曾率军在这里大破兀术的金兵，朱仙镇更为国人所知。为纪念岳家军的功绩，在朱仙镇建有一座规模不小的岳王庙，而今朱仙镇木版年画社就设在这座古庙之中。许多名人都曾收藏过朱仙镇的木版年画，鲁迅先生给予其很高的评价："朱仙镇的木版年画很好，雕刻的线条粗健有力，和其他地方的不同，不是细巧雕琢。这些木刻很朴实，不涂脂粉，人物也没有媚态，颜色很浓重，有乡土味，具有北方木版年画的独有特色。"

传统年画以它拙朴的风格与热闹的气氛，在过去悠长的岁月里，表达着人们祈望丰收的心情和对幸福生活的憧憬，是中国民间生活、信仰和风俗的反映，也是文化流通、道德教育、审美传播、信仰传承的载体与工具。在喧嚣浮躁的当下，年画似处式微状态。冯骥才先生致力保护中国民间文化，也常对一些民俗的逐渐湮灭消亡而痛心疾首。他对杨柳青的年画情有独钟，每每发出"紧急呼救"之声。年无年画，"人们对年的情感将往哪处置放？"城市似乎是无可救药了，我们不能想象，在乡村日见宽敞的屋堂里，新春时节墙上没有了老寿星、福、禄、寿、俊鸟奇兽、梅兰竹菊，留下的岂止是四壁的一片空白？这份完整的民间文化遗产，可不能丢失啊！

庙 会

庙会顾名思义，一般都在寺庙附近进行，聚会最初都跟祭祀有关，进而发展成为娱乐、购物的活动。比如著名的杭州吴山庙会，是为了纪念庙里的城隍老爷周新，他在任浙江巡抚期间，铁面无私，刚正不阿，贪官闻风丧胆，被百姓誉为青天。可后来因得罪权贵而被处死，百姓为其鸣不平，给其立了座城隍庙。随之，烧香拜佛、算命测字、耍戏法、玩杂技、卖花、斗鸟的，络绎不绝，最终带动了清河坊一带商业的鼎盛，形成一方闹市。

在远古时期，祭祀是人们生活中一件经常而又具有重大意义的事情，所以《左传·成公十三年》中说，“国之大事，在祀与戎”，意思是说祭祀和战争一样，都是国家生活中的头等大事。早期的祭祀主要是祭祀祖先神和自然神。在祭祀祖先神和自然神的过程中，人们聚集在一起，集体开展一些活动，如进献供品、演奏音乐、举行仪式等，这种为祭祀神灵而产生的集会可以看做是后世民间庙会的雏形。实际上，从“庙会”两个汉字本身也可以看出这点，“庙”最初就是指供奉神灵，尤其是祖先神灵的建筑。

至南北朝时，统治者信仰佛教，大造寺庙，菩萨诞辰、佛像开光之类盛会乃应运而生，商贩为供应游人信徒，百货云集，遂成庙市。北宋时开封大相国寺庙会极有名，女词人李清照曾与其夫赵明诚相偕至庙会。过年逛庙会成了人们不可缺少的过年内容，但各地区庙会的具体内容稍有不同，各具特色。

到了清代，庙会已经分为所谓的“多内涵型庙会”与“迎神赛会”。前者在宗教、娱神的同时有游乐等活动，而后者则是把神像抬出庙外巡行，是没有集市但有表演的庙会，如北京妙峰山庙会。同时也有部分地方无庙有市而也称庙会，如北京著名的厂甸庙会。

民间的庙会有自己的核心特征，即在经济方面是百货交易；在社会组织方面是“社”或“会”；在意识方面是礼神娱神。这便是我国庙会能够长期传承的经济基础和民俗惯制。

庙会把寺庙的节日变成了地方性的节日，把宗教的节日变成了世俗的节日。所以，那些独特的地方性求神活动、非宗教性的娱乐休息活动及集市活动才得以自然而然地融入庙会。因此，与其说庙会是宗教活动，倒不如说庙会是地方性民众节日活动，更能准确地反映庙会的本质属性。所以说大多庙会可称为节日型庙会。

庙会是一种综合性的民俗活动，关系到宗教信仰、商业民俗、文化娱乐等诸多方面。这是由各地的历史地理物质条件、民俗传统和人们的审美标准决定的。各地的庙会又各有其特点，在几个方面各有所侧重，这就形成了各种庙会互不相同的生活内涵，但都分别表现了当时当地条件下人们认为是最美好的生活方式。

在庙会上，有不少民俗活动，在白云观庙门内的弧形石雕下方，有一石猴浮雕，老百姓认为摸一下石猴，可以祛病消灾、延年益寿，于是竞相触摸；窝风桥下的桥洞里吊着一枚大铜钱，铜钱孔中有一只小铜钟，上书“钟响兆福”四字，你若是能用手中的硬币投中铜钟，就能心想事成，这两项是庙会上最热闹的活动。

民间庙会以其特殊的魅力，深深吸引了市井百姓。庙会上的玩具市场最为花哨。在民间儿童玩具摊上，摆满了假面、戏剧木人、小车、刀矛、竹龙。庙会中的民间玩具种类繁多，制作精巧，件件都称得上是手工艺品。主要有：空竹、扑扑登、走马灯、鬃人、吹糖人、画糖人、塑糖人、面塑、九连环、拨浪鼓。

庙会有的是一年一度，有的一个月内就有数天，会期除固定的，还有不定天数的。比如清末民初的会期：每月逢九、十、一、二是隆福寺，逢三是土地庙，逢五、六是白塔寺，逢七、八是护国寺。再加上正月初一开庙的东岳庙和大钟寺（一般开庙十天到半月），初二的财神庙，十七、十八的白云观，三月初三的蟠桃宫等等。各类庙会几乎天天有，有时一天还不止一处，所以说北京又是庙会的天下，想把所有的庙会详尽地统计起来实在是不太容易。

庙会的庆祝时间最初是在举行各种宗教节日（佛道二教为主）庆典时，后来发展为某些固定日期，现代举办时间则多为春节、元宵节等节日。

在各种庙会的小吃中，最值得一提的是历史悠久的北京小吃，它既有本地传统的汉族风味，又融合了满族和回族的民族风味，还有传自宫廷的御膳小食。如今的北京小吃，则汇集了南北各地的风味，创新之作层出不穷。在地坛庙会和龙潭湖庙会上，特辟美食一条街，汇聚了当今有代表性的全国各地小吃。

19世纪末，民间画工绘制的风俗图中，涉及的小吃有茶汤、豆腐脑、凉粉、糖瓜、糖饼、吊炉烧饼、豌豆糕、煎饼、烤白薯等等。这些常见的街头食摊，庙会期间皆有售卖。老北京庙会的八款经典小吃是：豆汁、扒糕、灌肠、茶汤、油茶、窝窝头、老豆腐、豌豆黄。

其实，庙会就是一个大杂烩，包罗万象，人声鼎沸，物产得到交流，生意人赚个满钵，逛会的人玩了，吃了，笑了，图个快乐，是份享受。

令人慨叹的是，如今不少地方的庙会，只有商品交易、物质交流；没有了民俗演出，少了文化味，这样的庙会，总让人觉得有点遗憾。

春　联

春节，去朋友C家串门。此公玩物痴迷且广泛：字画、钱币、信札、帽筒……他的宅所俨然一私人博物馆，举目皆文物也。书斋很大，两扇门是从乡下哪个大户人家寻觅来的，结实厚重，古意盎然。一把黄灿灿的也堪称文物的长形铜锁斜斜地锁住两个铁门环。“关门即深山”，若遇到个知己，谈古论今、把玩鉴赏宝贝，可三天三夜不分黑白的。我孤陋寡闻，文史浅薄，只能与他品茗闲聊，说说门上那副春联。“安得闲门常对月，更思筑屋为藏书”，纸红字黑，红的耀目、黑的深沉，贴在多少有些斑驳的门上，喜庆里也透出了几分端庄。C告诉我，此乃当地颇有名气的书法家所书；字之功底自不待说，纸笔墨都是很讲究的。末了，他言之凿凿：这是过节的一件大事，可马虎不得。

言及春联，不能不说到神荼与郁垒哥俩。很久很久以前，海里有座山，山上有棵树，上面长满了又甜又大的鲜桃。二位小爷就住在树下，专门负责捉拿那些祸害人间的鬼怪。以后他们上天堂了，老百姓可没忘记二位的神威，每逢过年，就在桃木制成的板块上，画上神荼、郁垒的像，挂在家门两边，是为祛邪驱灾，保佑平安。“桃符”由此而来。但“哥只是个传说”，史载最早的一副对联则是由后蜀皇帝孟昶所撰：新年纳余庆，嘉节号长春。而春联的正式命名，又是明朝朱元璋的事了。这位草根出身的皇帝，居然亲历亲为，大年初一给一位屠户写春联：双手劈开生死路，一刀割断是非根。横批：祖传技艺。文采确实一般，但能放下身段、与民同乐，当属不易了。可皇上的霸气依旧，总让人想起他的另一首诗：马渡江头苜蓿香，片云片雨渡潇湘。东风吹醒英雄梦，不是咸阳是洛阳。

天子一率先垂范，民间便蔚然成风，写春联贴春联遂成民俗，实为春节一大景观，绵绵至今。即便是在“过革命化的春节”的“文革”岁月，亦不能废止。再惨淡的人家，置办不了什么年货，年三十前，一副春联还是要上门板的。当然，都是很革命的对偶句，儒雅味或烟火味断然没有了。我从能记事起，家中春节写贴春联印象深刻。父亲私塾发蒙，年少拜师杏林，十八岁即悬壶行医，当年开方的一手毛笔字已相当了得。每年腊月二十三后，他都要用半天时间，裁纸研墨润笔写春联。虽未焚香浴手，但老人家之严谨庄重，足以昭展旧式徽州人家的遗风作派。我的事情是研墨，砚浅水清，墨过留声；再三反复，渐次黑润，且透发出淡淡的松烟香。父亲告诫我：此事虽小，做时也要心静如水，运力指头；切不可浅划辄止，敷衍应付。他对墨的质品亦有怨言，感叹今不如昔。以前的顶级好墨里是要放珍珠和麝香的，还有藤黄、皂角、巴豆等等。《本草纲目》就说其是一味药材，辛、湿、无毒，可治好几种病。用此种墨写的字，多少年后都不会褪色的。父亲下笔就是一挥而就，腰、腿、臂、腕的势子很正，如何屏神运气的则不得而知。内容大抵为淡泊明志宁静致远一类，鲜有孝悌福寿财，体现其雅士风度。我们如同书童小厮，将写好的春联双手恭恭平平地端至八仙桌上；待到全写完，还要父子同贴春联，当然是打下手。门上的位置，上下左右间距，父亲都用尺一一量丈；糨糊的稀稠，也很讲究。往往要到日暮时分，方才告一段落。冬天夕阳的余晖，斜斜地洒在贴着春联的门上，泛出几抹金黄的温馨，鞭炮声也由远而近，此起彼伏，空气里弥散着火药与炖菜的香味。以后他年老日见衰弱，每年春联还是要写的，字是愈发颤抖起来。支使不了热衷于变形金刚电子游戏的孙子去研墨，便交代已是胡子拉碴人父的我去街上店家买现成的墨汁，并叮嘱再三：要“曹素功”这个牌子的。

王安石诗云：爆竹声中一岁除，春风送暖入屠苏。千门万户曈曈日，总把新桃换旧符。往事千年，民俗不变，那满地的爆竹碎屑、满目的春联，体现着一种坚如磐石的守望。只是我们自己变得越发懒惰，习惯吃

“快餐”，在摊上购得几副，如买鸡鸭鱼肉一样；然后例行公事般地草草贴上。银行保险公司等更是投其所好，馈赠与你，顺便也替自己做个广告。那份撰联书写的情趣，也早湮没在没完没了的饭局与牌局里。我得好好地向C学习，从明年起，每年撰联一副，哪怕酸迂腐阔也罢！当然，得要找位书法高手帮助“生辉”一下，毕竟事关门面。俯拾回来的，定是一份久违的温暖。

窗 花

贴窗花。在中国北方地区，非常盛行，红彤彤的窗花，贴在窗户玻璃上，烘托出节日的喜庆气氛，很招人眼。北方人对贴窗花看得很重，像贴对联一样，据说在河北的丰宁等地，春节期间，若谁家未贴窗花，人们便会猜测这个家庭是否出了事。

窗花是民间剪纸中分布最广、数量最大、最为普及的品种。南方以精致为美，其特点是玲珑剔透；北方以朴实生动为美，其特点是天真浑厚。

窗花的表现题材极其广博，举凡戏剧人物、历史传说、花鸟鱼虫、山水风景、现实生活及吉祥图案均可成为窗花的表现内容，可谓无所不有。但最多的是花卉动物、喜庆吉祥纹样，常以“吉祥喜庆”、“丰年求祥”、“五谷丰登”、“人畜兴旺”、“连年有余、“贵花祥鸟”等为主体。

农村在春节期间贴窗花，以此可以达到装点环境、渲染气氛的目的，并寄托着辞旧迎新、接福纳祥的愿望。窗花无论题材、表现手法、剪刻技艺都是剪刻艺术中最具有代表性的。近、现代的窗花，已渐渐形成独立的艺术门类，但由于它们最初源于民间喜庆或民俗活动中的剪贴画，且多贴于农村窗户的白纸上而被称为“窗花”。

窗花的剪刻，一种是单色剪刻，多用于大红纸剪纸，应用的地区较广。二是套色剪纸，一般用于宫廷、商铺子的大窗或厅堂和门面的窗户。三是浮雕剪纸，流行于甘肃、青海一带，它将剪刻与纸叠工艺融为一体，风格别具。四是彩色窗花，彩色窗花又有染色和衬色之分。染色窗花以河北丰宁、蔚县所出最为有名。先刻后染，色泽明艳，光影效果极佳。衬色窗花以广东佛山所产最为著名，用金箔纸和锡箔纸剪刻出主体纹样，背衬各色彩纸，金碧辉煌、富丽典雅。这种做法叫做“铜衬料”。

窗花已有上千年的历史，在宋朝、元朝逐渐流传，逐渐成形。纸的发明是在公元东汉时代，在此之前是不可能有剪纸艺术出现的，但当时人们运用薄片材料，通过镂空雕刻的技法制成工艺品，却早在未出现纸时就已流行，即以雕、镂、剔、刻、剪的技法，在金箔、皮革、绢帛，甚至在树叶上剪刻纹样。战国时期就有用皮革镂花，还有银箔镂空刻花（河南辉县固围村战国遗址出土文物之一），都与剪纸同出一辙，为民间剪纸的形成奠定了一定的基础。我国最早的剪纸作品，是1967年我国考古学家在新疆吐鲁番盆地的高昌遗址附近的阿斯塔那古北朝墓群中，发现的两张团花剪纸，它们采用的是麻料纸，都是折叠型祭祀剪纸。

真正意义上的窗花，应该从纸的出现开始。纸的发明促使了剪纸的出现、发展与普及。纸张是一种很容易霉烂的材料，在我国东南部地区气候湿润，再加上当地每年五六月的梅雨天，时间一长纸张制品就霉烂，而民间剪纸又是一种大众化的东西，人们不会像珍宝一样保存起来，搞坏了自己还可以再剪。而在我国西北地区天干少雨，气候干燥，纸张也不易霉烂，这也可能是新疆吐鲁番地区发现北朝剪纸的一个重要原因。

窗花是一门“易学”但却“难精”的民间技艺，作品大多出于乡村妇女和民间艺人之手，由于他们以现实生活中的见闻事物作题材，对物象观察，全凭纯朴的感情与直觉的印象为基础，因此形成剪纸艺术浑厚、单纯、简洁、明快的特殊风格，反映了农民那种朴实无华的精神。窗花作品由于是在纸上剪出或刻出的，因此必须采取镂空的办法，由于镂空，就形成了阳纹的剪纸必须线线相连，阴纹的剪纸必须线线相断，如果把一部分的线条剪断了，就会使整张剪纸支离破碎，形不成画面。由此就产生了千刻不落，万剪不断的结构，这是窗花艺术的一个重要特点。窗花很讲究线条，因为窗花的画面就是由线条构成的，线条可以归纳为五个字：圆、尖、方、缺、线。要达到：“圆如秋月、尖如麦芒、方如青砖、缺如锯齿、线如胡须。”可以说线条是窗花造型的基础。

在构图上，窗花不同于其他绘画，它较难表现三度空间、场景和形象的层层重叠，对于物象之间的比例和透视关系也往往有所突破。它主要依据形象在内容上的联系，较多使用组合的手法，由于在造型上的夸张变形，又可使用图案形式美的一些规律，作对称、均齐、平衡、组合、连续等处理。它可以把太阳、月亮、星星、飞鸟、云彩，同地面上的建筑物、人群、动物同时安排在一个画面上。常见的有“层层垒高”或并用“隔物换景”的形式。

窗花物象夸张、简洁、优美，富有节奏感，由于受到工具和材料局限，要求剪纸在处理形象时，既要抓住物象特征，又得做到线条连接自然。因此，就不能采取自然主义的写实手法。要求抓住形象的主要部分，大胆舍去次要部分，使主体一目了然。形体要突出，形成朴实、大方的优美感，物象姿态要夸张，动作要大，姿势要优美，就像舞台上的亮相动作一样，富有节奏感。

窗花最基本的创作队伍，是那些农村妇女。女红是我国传统女性完美的一个重要标志，作为女红的必修技巧——剪纸，也就成了女孩子从小就要学习的手工艺。她们从前辈或姐妹那里要来学习剪纸的花样，通过临剪、重剪、画剪，描绘自己熟悉而热爱的自然景物，鱼虫鸟兽、花草树木、亭桥风景，以至最后达到随心所欲的境界，信手剪出新的花样来。

窗花的色彩要求在简中求繁，少作同类色、类似色、邻近色的配置。要求在对比色中求协调。同时还要注意用色的比例。

中国民间窗花，具有普及性、实用性、审美性特点，是传统艺术的一株常春藤。

剪　纸

幼时，曾听说过“桐叶封弟”的故事：娃娃时的周成王姬诵有一天和弟弟叔虞一起在宫中玩耍。姬诵随手捡起了一片落在地上的桐叶，把它剪成玉圭形状，送给了叔虞，并且对他说：“这个玉圭是我送给你的，我要封你到唐国去做诸侯。”边上的史官听后，把这件事情告诉了周公。周公见到姬诵，问道：“你要分封叔虞吗？”姬诵说：“怎么会呢？那是我跟弟弟说着玩的。”周公却认真起来：“天子无戏言啊！”后来，姬诵只得选择吉日，把叔虞正式封为唐国的诸侯。这荣华富贵得来可真不费工夫哦，羡慕煞人。我们也“克隆”吧，用枇杷树叶封了拖鼻涕的小伙伴们一大批宰相将军什么的，风光地过了一把皇帝瘾。我们玩的是游戏，而“桐叶封弟”是进了司马迁的《史记》的，周成王姬诵也成了剪纸的始祖。一种美好的风俗，大抵都有一个或美丽或高贵的开头。

剪纸是一种镂空艺术，即通过镂空雕刻的技法制成工艺品，早在东汉蔡伦造纸前就已流行。勤劳聪慧的祖先以雕、镂、剔、刻、剪的技法在金箔、皮革、绢帛，甚至在树叶上剪刻纹样。战国时期就有用皮革镂花、银箔镂空刻花，这些都有出土文物为证的，绝非戏说。魏晋时代，民间流行正月初七为“人日”的风俗。妇女们在这一天用金银箔和彩帛剪成花草、人物，一为“华胜”、一为“人胜”，相互赠送。但由于纸质作品不易保存，我们只能从历朝历代文人墨客吟诗赋词里窥见剪纸的源远流长。杜甫诗中有“暖水濯我足，剪纸招我魂”；唐朝的崔道融亦有“欲剪宜春字，春寒人剪刀”的词句。这里所讲的“宜春帖子”，也就是现在人们所熟悉的剪纸。李商隐《人日》诗云：镂金作胜传荆俗，剪彩为人起晋风。剪彩也就是剪纸。文字的记载更是多多，如唐代段成式《酉阳杂俎》说：“立春日，士大夫之家，剪纸为小蟠，或悬于佳人之首，或缀于花下，又剪为春蝶，春胜以戏之。”南宋的周密所著《志雅堂诗杂钞》中写道：“旧都天街，有剪诸色花样者，极精妙。又中原有余承志者，每剪诸家书字，毕专门。其后有少年能于衣袖中剪字及花朵之类，极精工。”如此身怀绝活的高手，放到今天，那是一定要上春晚的，绝对能与刘谦PK一番。

唐代的剪纸手工艺术水平已相当高，出现了利用剪纸形式制作的漏版印花版，人们用厚纸雕刻成花版，将染料漏印到布匹上，形成美丽的图案。宋代造纸业发达，剪纸名目繁多，如成为民间礼品的“礼花”，贴于窗上的“窗花”，或用于灯彩、茶盏的装饰。宋代民间剪纸的运用范围则向各个生活领域扩展，江西吉州窑将剪纸作为陶瓷的花样，通过上釉、烧制使陶瓷更加精美；民间还采用剪纸的形式，用驴、牛、马、羊等动物的皮，雕刻成皮影戏的人物造型；明、清时期剪纸手工艺术走向成熟并达到鼎盛，剪纸手工艺术的运用范围更为广泛，如灯彩上的花饰，扇面上的纹饰，以及刺绣的花样等等，无一不是利用剪纸作为基础再加工的。而更多的是我国民间常常将剪纸作为装饰家居的饰物，美化居家环境，如门栈、窗花、柜花、喜花、棚顶花等等。

作为一种民间艺术，剪纸在中国各地流派纷呈，风格迥异。有南方派、江浙派、北方派等。除以此谋生的纸扎花样工匠外，中国民间剪纸手工艺的最基本的队伍，还是那些乡村妇女。剪纸是一种精致的心态艺术，心灵手巧，心乃第一位的。女人心中的所求、所盼、所想，亦是一个女人一生对美的守望。鱼虫鸟兽、花草树木、人物风景，无一不寄托着细腻丰富的情感。岂止是十年工夫一把剪啊！剪纸西窗，夜漏更残，月照孤影，以剪传情。那情形，很有几分冷艳的美。剪纸是女红的重要组成，传统女性完美的一个重要标志，若是女红精湛、剪纸娴熟，出嫁能大大加分的。如同当下不少男士择偶，除相貌美丽动人外，能否炒股炒房下得厨房，亦是重要的考量指标。

虎头鞋

虎乃百兽之王，体格庞大，外貌雄健，气势威猛，更以其额头有像“王”字的花纹，受到国人的喜爱和崇拜，被尊为“圣兽”。早在东汉应劭所著《风俗通义·祀典》中就有了这样的描写：“虎者，阳物，百兽之长也。能执搏挫锐，噬食鬼魅。”虎不仅能吞食鬼魅、威慑敌害，还能庇佑人神、赐福示瑞。

因为虎具备这些特性，迎合了人们借物祈福的愿望，自然而然虎成为人们崇尚的对象。民间便有了给孩子戴虎头帽、裹虎头肚兜、用虎头围嘴、睡虎头枕等习俗，虎头鞋便也在这种氛围中，应运而生。

虎头鞋因鞋头呈虎头模样，故名。北方地区也有称为猫头鞋。在鞋前脸儿和鞋帮上绣制虎或虎头图案，是希望孩子们长得虎头虎脑，用形象逼真的虎头图案驱鬼辟邪，保护孩子没病没灾。它既有实用价值，也有观赏价值，同时它又是一种吉祥物，人们赋予了它驱鬼辟邪的功能。

虎头鞋，有一段有趣的故事。传说黄河岸边有个姓石的船工，乐于助人，为两岸人摆渡过河，从不要钱。一天，一位老奶奶冒雨过河请人为即将临产的儿媳接生。谁知她刚走到河边，风一刮，雨一淋，头像炸开似的疼。姓石的船工看见了，将老奶奶搀到屋里休息，自己替老奶奶去请接生婆。雨过天晴，老奶奶的儿媳生了一个大胖小子。老奶奶千恩万谢，送了一张画给船工。画上画的是一个正在绣虎头鞋的俊俏姑娘，船工看了很喜欢，就将画贴到了自己的茅屋里。

从那以后，船工收船回到家里，总有一位漂亮的姑娘做好饭菜等他。原来，姑娘是天帝的女儿，天帝派她下凡与船工结为夫妻。过了几年，他们添了儿子，取名石虎。

几年过去了，人们都知道了船工娶画上的美女结为妻子的事。这天，县官来到渡口，见船工的妻子貌美，想霸占为妾。船工的妻子见县官起了歹意，便收了凡身，回到画上。县官抢走了画并把面贴在了床头。可是，不管县官怎样甜言蜜语，画上的美人就是不下来。

小虎在家一直哭着要妈妈，送画的老奶奶告诉船工，让小虎的姑姑做双虎头鞋，小虎穿上它，就一定能够找到妈妈。按照老奶奶的嘱咐，小虎的姑姑连夜做好了虎头鞋。小虎穿上一试，身轻如燕，立刻向县衙飞去。见到县官，虎头鞋变成了老虎，咬死了县官后。船工的妻子见小虎来救她，赶忙从画上跳下来，带着小虎高高兴兴地回家了。

故事神奇而美丽。

至于虎头鞋的真正历史，现在已无法准确考证，但缝制和穿着虎头鞋的风俗，在我国至今仍流传甚广，“头双蓝（取谐音拦，即拦住不折），二双红（红能辟邪，可以免灾），三双紫落成（意即孩子在自家长大成人）”的俗语，讲的就是由姑姑做三双不同颜色的虎头鞋送侄儿的风俗。

虎头鞋做工复杂，仅虎头上就需用刺绣、拨花、打籽等多种针法。鞋面的颜色以红、黄为主，虎嘴、眉毛、鼻、眼等处常采用粗线条勾勒，夸张地表现虎的威猛。

做虎头鞋，得先打袼褙（音ge bei，用碎布或者旧布加衬纸褙成的厚片），按鞋样的大小剪下一块，再将一层好看的布料缝在剪下的袼褙外。虎眼、虎眉、虎嘴、虎鼻，都要靠针线和布缝制而成，需要用刺绣、拨花、打籽等多种针法。虎嘴、眉毛、鼻、眼等处常采用粗线条勾勒，表现虎的威猛，细心的人还常用兔毛将鞋口、虎耳、虎眼等镶边。红、黄、白间杂，轮廓清晰。孩子穿上虎头鞋后，兔毛随风飘动，虎头也有了动感。虎头鞋鞋底肥大，插空纳上九个菱形破花，九个破花称为九颗圆子，意为“九子十成”。

一双地道标准的虎头鞋必须全部用手工缝制。从打袼褙、纳鞋底、做鞋帮、绣虎脸、掩鞋口，直到把鞋帮和鞋底缝到一起，一双虎头鞋算是基本竣工了，但还要经过一番装饰，等扎上虎须，缝上带子之后，才算大功告成。

穿虎头鞋的时间，是在幼童一岁左右。此时的儿童跃跃欲试，想要走路，但又离不开大人的搀扶。这时父母给孩子穿双虎头鞋，利于孩子脚踏实地。更重要的原因，是人们认为虎是百兽之王，穿上虎头鞋可以辟邪恶保平安，护佑孩子健康成人。

虎头鞋的实用价值不言而喻，宽敞的内部空间和宽阔的鞋底，既有利于幼儿脚丫的生长发育，又可以防寒保暖；既能满足孩子脚丫的安全防护，又能使鞋子大面积地接触地面，帮助孩子脚踏实地、稳步行走。虎头鞋艳丽的色彩搭配和栩栩如生的造型，既满足了人们的审美情趣，又借虎的形象传递了爱意和祝福。

缝制虎头鞋除了掌握剪裁、缝制、绣花等多种技法外，还需要有一定的艺术想象力和创造力，这样才能缝制出与众不同的虎头鞋。“高手”可以将司空见惯的色线，巧妙地加工成虎须、虎眉或皮毛，而那些花红柳绿的布头，经过她们拼凑、整合，转眼变成了虎眼、虎嘴、虎耳、虎尾巴。有些“高手”还用珠子、扣子等物直接代替虎眼和虎鼻；有的用毛皮将虎耳、虎眼、鞋口等部位镶边等等，不仅增加了装饰性，更强化了质感。孩子在行走或玩耍时，闪闪发光的金属片和毛茸茸的皮毛与虎头上鲜艳夺目的“王”字交相辉映，常常引来街坊邻居的津津乐道。

八仙过海

记得小时候，在外婆的村子里，有一天，去一幽暗的老宅玩，外公与我同去，那户人家的木雕，种类繁多，非常精美，栩栩如生，这些木雕大多取材于民间故事。堂前两侧窗户各有一木雕，其中一块雕着葫芦、芭蕉扇、纸叠驴、花篮，另一块则雕着莲花、长剑、横笛、玉版。

木雕大多有故事。外公要我猜这是什么故事，我一时迷糊了，左思右想，不知是什么。外公点破迷津：这八件宝物代表的是八个人。我豁然明白，这是“八仙过海”的故事。这组雕刻构思精巧，只见宝物，不见人，没有点文化断然是猜不出来的。我以前听外公说过“八仙过海，各显神通”的故事，可惜到时就迷糊了。

“八仙”指的是铁拐李、汉钟离、张果老、蓝采和、何仙姑、吕洞宾、韩湘子、曹国舅这八位神仙人物。他们各有不同的法器，铁拐李的铁杖及葫芦，汉钟离的芭蕉扇，张果老的纸叠驴，蓝采和的花篮，何仙姑的莲花，吕洞宾的长剑，韩湘子的横笛，曹国舅的玉版。他们随身所带的法器是各有妙用。

八仙过海的故事是这样的：相传这八位神仙人物好打抱不平，惩恶扬善。有一天，他们一起到了东海，只见潮头汹涌，巨浪惊人。吕洞宾建议各以一物投于水面，以显“神通”而过。诸位仙人都响应吕洞宾的建议，将随身法宝投于水面，然后立于法宝之上，乘风逐浪而渡。后来，人们把这个掌故用来比喻那些依靠自己的特别能力而创造奇迹的事。

八仙过海成了一段传奇，在民间可谓脍炙人口、家喻户晓、妇孺皆知，其影响甚至超过了玉皇大帝、太上老君。八仙在某种意义上甚至成为英雄好汉的代名词。在徽州，厅堂案桌“钟声瓶镜”前方摆的四方桌，俗称“八仙桌”，坐的椅子自然是“八仙椅”。能坐在这样的桌子上吃饭、喝酒，一个个都是英雄好汉，自然觉得风光无限。

不过，八仙的形成并非开始就如此，而有一个过程。最初的八仙并非现在这般，而是“淮南八仙”，魏晋时代的《神仙传》里指淮南王刘安手下的八位门客：苏飞、李尚、左吴、田由、雷被、毛被、伍被、晋昌，号称“八公”。刘安的《淮南子》是大谈神仙的道家之书，后来有淮南王白日成仙、鸡犬升天的故事，这八公就成了“八仙”。安徽淮南八公山的由来，就是传说这八公登过此山。

唐代也有“八仙”。杜甫的名篇《饮中八仙歌》中的八仙指的是李白、贺知章、李适之等八人。

五代时期，有个张素卿的道士画过一套《八仙图》，这八仙是指：李己、容成、董仲舒、张道陵、严君平、李八百、范长寿、葛永璝。

现在人们所指的八仙，真正成型是元代以后。据说最初还把蓝采和安排成姑娘，因为觉得何仙姑一个女的未免太孤单，扎进男人堆里有伤风化，但这个意见最终没有被采纳。

铁拐李为八仙之首，姓李，名洪水，隋朝峡人。其原本为一俊伟丈夫，善道术，修炼于砀山岩穴中，有次应师父老子之约，行“元神出壳”法术，赴千里之外华山，数日后回归，发现其尸体被其徒误焚，突见附近一饿殍，灵机一动说“即此可矣”，即从饿殍脑门而入，神魂归壳后则成一蓬头卷须、黑脸巨眼，并且还跛了一只右脚的丑陋汉子。

八仙中名气排在第二的是钟离权。元时，金真道奉为“正阳祖师”。有关其人物原型，约出现在五代、宋初之际。《宣和年谱》《夷坚志》《宋史》等书都有他事迹的记载，只是后来讹为汉钟离，才附会为汉代人。《历代神仙通鉴》《续文献通考》等书称，钟离权，复姓钟离，字寂道，号云房子，又号正阳子，东汉咸阳人。唐代确实有位叫钟离权的人，《全唐诗》录有他的三首绝句，并附有小传云：“咸阳人，遇老人授仙诀，又遇华阳真人，上仙王玄甫，传道入崆峒山，自号云房先生，后仙去。”

张果老是八仙中年迈的仙翁，名“张果”，因在八仙中年事最高，人们尊称其为“张果老”，历史上实有张果其人，武则天时，隐居中条山，时人皆称其有长生秘术，他自称年龄有数百，武则天曾派使者前去召见，张果老佯死不赴。唐玄宗开元二十一年，恒州刺史韦济将其奇闻上奏皇上，玄宗召之，张果又再次装死，气绝很久才苏醒，使者不敢进逼。玄宗闻知，派徐峤去邀请。张果只得进京。从史传所记来看，张果不过是一位有些心虚的老朽江湖术士，要不何以数次装死以避征召呢？充其量不过会些幻术而已。

八仙中故事最多的当数吕洞宾，在道教中，全真道奉其为“纯阳祖师”，又称“吕祖”。吕洞宾姓吕名岩，唐末人。《金唐诗》《词综》中都收有他的诗作。他是八仙中人情味最浓的一个，潇洒、风趣，为民除暴安良，斩妖除怪，还好酒好色，世间流传有《吕洞宾三戏白牡丹》的传说，他的传说既多且杂，但从中也可看出原是唐代一位慕道的士人，后被人们神化成仙。

何仙姑是八仙中唯一的女性，宋初《太平广记》引《广异记》称有“何二娘”者，是位以织鞋为业的农妇，后因嫌家居太闷，游于罗浮山，在山寺中住下，经常采集山果供众寺僧充斋。一次，远在四百里外的循州山寺僧来罗浮山寺，称某日曾有仙女去彼山采摘杨梅果子，经查实那天正好是二娘采果的日子，再加之大家又不知二娘从何处采来这众多山果，便认为二娘即为循州山寺采果之仙女，从此二娘远近闻名，她也借此不再寄居山寺了。后来她应召进京，途中离去。有称她放牧于郊野，遇异人送仙枣，食后而成仙。宋人笔记中还记载了何仙姑一些为人占卜休咎、预测祸福的事迹，一时士大夫及好奇者争先前往彼处占卜，可见她是一位精于占卜的民间女巫。

八仙中玩世不恭、似狂非狂的行乞道仙，名叫蓝采和。是唐末至五代时人。其行为怪癖，贪杯喜唱，平时穿一身破蓝衫，一只脚穿只靴子，另一只则光着脚丫子。更不近常情的是，夏天他穿棉衣，冬天却躺卧雪中，全身冒热气。

平时他手持三尺有余的大拍板，一边打着竹板，一边踏歌而行，沿街行乞，他唱的歌很多，大都是触景而生，不仅令世人觉得高深莫测，而且颇具仙意。其一云：“踏歌蓝采和，世界能几何？红颜一春树，流年一掷梭，古人混混去不返，今人纷纷来更多。朝骑鸾凤到碧波，暮见桑田生白波。长景明晖在空际，金银宫阙高嵯峨。”他行为癫狂，有人施钱给他，他大都送给贫苦人，蓝采和居无定处，四海为家。这个仙人的人物原型本是一江湖流浪汉，他的行为癫狂，又好周济穷人，因此深得人们喜爱而被神化成仙。

韩湘子是唐代著名文学家韩愈的侄子，又称是韩愈侄孙。韩愈曾有《左迁至蓝关示侄孙湘》一诗：“一封朝奏九重天，夕贬潮阳路八千……”他成仙的传说，最早见于唐代段成式的《酉阳杂俎》。书中称韩愈有一年少远房子侄，为人轻狂不羁，不喜读书，韩愈曾责怪他，他却能在七日之内使牡丹花按其叔的要求改变颜色，并且每朵上边还有“云横秦岭家何在……”的诗句，韩愈惊奇万分。还有说韩湘子是韩愈外甥，其事迹和《酉阳杂俎》所言大同小异。

排名八仙之末的曹国舅，出现时间最晚。《神仙通鉴》云：曹国舅天性纯善，不喜富贵，却慕恋于仙道，其弟则骄纵不法，恃势妄为，曹国舅对其恶行深以为耻，遂入山修炼，遇钟离权、吕洞宾而收他为徒，很快曹国舅修成仙道。

细细想来，这八仙就是一台戏。有男有女，有老有少，有胖有瘦，有俊有丑，有文有武，有贫有穷，装束不同，法宝不同，“八仙过海，各显神通”，活生生的现实生活浓缩版。在庙会上表演，比那秃脑袋瓜的罗汉们精彩得多、有味得多。

大肚罗汉弥勒佛

“大肚难容，容天下难容之事；开口便笑，笑天下可笑之人。”这副脍炙人口的楹联，人们都很熟悉，在许多寺院中常见，它指的就是弥勒佛。

弥勒佛大概是佛教菩萨中，除了观世音以外最受欢迎的菩萨。在我们家乡的老房子中，木雕、砖雕、石雕中，就有大量的弥勒佛的形象。人们看见那些大胖子男人，挺着一个滚圆滚圆的肚子，笑吟吟的，总说活像个弥勒佛。

弥勒佛是未来佛，相传出生在古印度波罗奈国的一个婆罗门家庭，与释迦牟尼是同时代人，按佛经说法，是如来佛的法定接班人。在佛国地位极高。弥勒是梵文的音译，意思是“慈氏”，这是他的姓。名叫“阿逸多”。

原来从印度传入的弥勒佛形象，跟我们现在常见的是不一样的。在北京的广济寺天王殿里，我见过所谓正宗的弥勒佛。他的表情庄严肃穆，眼观鼻，鼻观心，超凡入圣，一副悲天悯人的形象。这种正宗的弥勒佛一般在大型庙宇的大雄宝殿中能见到。

民间人们喜爱的弥勒佛，是经过中国化的。他的原型来自一位中国和尚。五代后梁时期，浙江奉化出了个布袋和尚，法名契此。此君肚皮奇大，常挑着个大布袋在闹市中化缘，人称“布袋和尚”。 他见物就乞，别人供养的东西统统放进布袋，却从来没有人见他把东西倒出来，那布袋又是空的。假如有人向他请问佛法，他就把布袋放下。如果还不懂他的意思，继续再问，他就立刻提起布袋，头也不回地离去。人家还是不理会他的意思，他就捧腹大笑。他行为怪异，言语无常，不管到哪，只要坐下，就会呼声四起，他的身后常常跟着一大群孩子。

布袋和尚能够预报天气，天快下雨，他就穿上湿布鞋，天气干旱，他就穿上木拖鞋。人们看他穿什么鞋，就知道什么天气。他还能预测祸福，十分灵验。

布袋和尚的死，也很奇怪。据说，他是死在奉化岳林寺东廊，临终前，端坐在一块巨大的磐石上，忽然大声说道：

弥勒真弥勒，化身千百亿；

时时示时人，时人自不识。

说罢，安然而逝。人们细一琢磨他的临终之言，原来他是弥勒佛的化身。于是，人们从此按照他的形象来塑造弥勒佛，供奉在天王殿中，取代了原来印度式的。人们觉得布袋和尚的这一形象更加可亲。

千百年来，文人墨客留下了众多的弥勒佛的对联，颇为耐人寻味。

比如，四川峨眉山灵岩寺弥勒佛殿两侧，有一副令人回味无穷的对联：开口便笑，笑古笑今，凡事付之一笑；大肚能容，容天容地，与己何所不容。此联与北京潭柘寺联有异曲同工之妙，它蕴含着人生哲理，告诉世人要达观豁朗，淡泊名利，与人为善，团结和谐。

与上述二联寓意相近的弥勒佛联甚多，如杭州千佛禅院有对联曰：终日解其颐，笑世事纷纭，会无了局；经年袒乃腹，看胸怀洒落，却是上乘。又如苏州某寺一对联：大肚能容，了却人间多少事；满腔欢喜，笑开天下古今愁。

四川乐山凌云寺弥勒佛殿上有一副对联，以诙谐幽默的语调写出了弥勒佛的内心独白：笑古笑今，笑东笑西，笑南笑北，笑进笑出，笑自己原无知无识；观事观物，观天观地，观日观月，观来观去，观他人总有高有低。下联一连用了九个“观”字，堪称观尽了天地日月与人间万物。上下联的一“笑”一“观”，通俗易懂，读来琅琅上口，趣味无穷，细品发人深思。

弥勒佛联中警示的联句令人感叹，世间万物芸芸众生，人间情仇悲欢离合，荣华富贵贫穷贵贱，地位官阶灯红酒绿……都付之一笑。大肚能容常人难容之事，忍得住心中烦恼，耐得住岁月寂寞，不争一时之气，方免百日之忧。忍为高，和为贵，纵然世事如棋变幻无常，悠悠万事都不过过眼云烟。

观世音

前几年，在春节联欢晚会上，一个全部由聋哑残疾人组成的剧团，演出了《千手观音》节目，曾经轰动一时，而后风靡大江南北，甚至漂洋过海，很是风光了一阵。人们记住了：千手观音。这千手观音乃观音的一种。

许多人也都会记得，在小说《西游记》中，唐僧师徒四人一行去西天取经，一路坎坷，其间遭遇了九九八十一难。每当他们束手无策、无可奈何之时，常常会有贵人提携相助，比如如来佛祖等等，但出现得最多的贵人，便是观音娘娘。她从天边飘来，轻灵飘逸，慈眉善目，如沐春风。这观音娘娘就是观世音。

观世音大概是在佛教菩萨中，在中国人气指数最高、结缘程度最深的菩萨，各地的佛教寺庙是必不可少的，甚至是乡村路亭，也会供着一尊小观世音。因此，过去的百姓一旦家人遇到疾病、灾难或不顺之事，就要请请观世音菩萨，她普渡众生，几乎是有求必应，所以人们对她非常虔诚，每天必请。纵然是在扫除封资修的年代，人们对她依然虔诚有加。我家乡的水口，就有一个观音堂，边上有一观音泉，据说挺灵验的。其实，这样的殿堂、古泉，在中国各地比比皆是。普陀山的观音菩萨似乎是最灵的，声望是最高的。普陀是简称，全称是“普陀落伽”。

观音菩萨，梵文 Avalokite vara，又作观世音菩萨、观自在菩萨、光世音菩萨等，从字面解释就是“观察（世间民众的）声音”的菩萨，四大菩萨之一。她的相貌端庄慈祥，长裙飘袂，清灵秀气，温柔似水，经常手持净瓶杨柳，具有无量的智慧和神通，大慈大悲，普救人间疾苦。当人们遇到灾难时，只要念其名号，她便前往救度，所以称观世音。在佛教中，她是西方极乐世界教主阿弥陀佛座下的上首菩萨，同大势至菩萨一起，是阿弥陀佛身边的胁侍菩萨，并称“西方三圣”。

观世音性别似乎不明。她的形象大约是在三国时期传入中国的，现在我们看到供奉的观世音菩萨像，多是女相。不过在当时初到时，观世音大多示现威武的丈夫相。这有甘肃敦煌莫高窟的壁画和南北朝时的雕像为证，观世音皆作男身的。在我国唐朝以前，观世音的像也大多是男相。现在，印度的观世音菩萨中，也有很多是男相的。

至于后来为何变成了女相，人们通常认为，可能是佛门菩萨几乎均为男性，而天下芸芸众生，女性几乎占一半，为了平衡，也是为了吸引更多的女性信佛，佛门的有识之士意识到，必须要塑造一尊女菩萨来，于是这个角色的定位便降落到了观音的头上。对女性来说，观音菩萨是自己可以倾吐心声、诉说隐秘的知音，所以女性对她特别信赖。

观世音对男信徒来说，就是一个肌肤凝白、圣洁高雅、楚楚动人的女子。因而观世音菩萨既受女子青睐，又受男子尊重，这是一般的菩萨无法比拟的。观世音菩萨神通广大，无所不能。她有两个特点：

一是有求必应。只要默念观音，求她保佑，不分是非，不分善恶，一律概允，立即见效。即使是杀人越货，罪当该杀，可只要是一念观音，便可获释。据说北齐武帝就是个酒色之徒，得了重病，因为敬礼观音，结果病情痊愈。这样看来，观音有点不讲原则，不过，她是有一定的标准的，以是否信佛为标准。凡敬念之即为大善，凡侮之即为大非大恶。佛门的是非善恶，与尘世间的是非善恶，是有所区别的，似乎有点不讲原则。不过，也不是所有的坏人都有求必应，她还是慧眼识珠的。

第二个特点是：多行小惠。凡是人间的大事小事，只要求她，她都过问。你想娶一个好妻子，她就为你拉媒牵线；你想要个胖小子，她就可以助你实现；你那里天气干旱，她就让天普降甘霖。她专门解决人们现实生活中的大大小小的事务，所以观音菩萨在民间的底层群众中，拥有广泛的信誉，是救苦救难、普渡众生的好菩萨，下层百姓对她磕香拜头，心存感激。

观世音的形态是多种多样的。佛门中的密宗有六观音之说，这指的是：千手观音、圣观音、马头观音、十一面观音、准提观音、如意轮观音。所造出来的菩萨多为奇形怪异。比如马头观音为赤肉色，一头三面，表情忿怒，口出獠牙，头顶有白马之形。

六观音之上有十五观音，十五观音之上有三十三观音，别名送子观音，这个观音最为妇女们喜爱。三十三观音之上还有三十七观音。观音究竟有多少种，至今都难以统计出来。

信仰是一种力量，是一种寄托，对观世音的虔诚，其实也是一种敬畏。我们不能简单地归之为封建迷信。人的心灵需要安放的地方。

关帝庙

关帝庙，我再熟悉不过了，在我的家乡水口，就有一座，大山脚下，数百亩田畈，青翠欲滴，相拥着，掩映在一片高耸入云的古林中，远远地，就能瞥见。红红的墙，高高的檐，那是家乡的一道风景线，美丽而独特。

遗憾的是，“文革”期间，庙中文物惨遭毒手，神像俱毁。如今，庙已空荡，只有门楼上尚存“关帝庙”三个大字，是乡人、清朝乾隆年间的兵部尚书所题，字体饱满有力，隐隐昭示着昔日的风采，让人去猜想，去流连。

村里老人介绍：进入庙中，左侧立有一匹色彩斑斓的泥马，马旁立有马夫，这马是赤兔马，《三国志》中有“人中吕布，马中赤兔”的记载，跟随关羽千里走单骑，过五关斩六将的，就是这匹赤兔马。右侧是一面直径三尺多的大鼓和一只青铜大钟，再往前便是天井，穿过天井，便到了正厅。厅前第一根大梁上悬有“汉天一柱”的匾额，这显然是对关公的褒奖。正厅有近百平方，正面龛座上立着红脸长须的关帝神像，威严逼人，正气凛然，两旁侍立着的，是关公的贴身卫士关平、周仓。香案上则置青花瓷玉件一副，是专供乡民供奉参拜之用的。天下关帝庙之陈设大抵如此，只不过规模有大小之分、材质有高低之分。

国人提起关公、关羽、关云长，似乎都会眼睛一亮。《三国演义》中，关公的形象与故事，为人津津乐道。关公是身材魁梧，赤面美髯，丹凤眼，卧蚕眉，相貌堂堂，威风凛凛，手持青龙偃月刀，下跨赤兔千里马，标准的帅哥形象。经典的故事，桃园三结义，千里走单骑，过五关斩六将，单刀赴会，水淹七军，一个故事就是一段传奇，关公成了一位侠肝义胆、忠贞不二、见义勇为、打抱不平的英雄好汉，是勇武、忠义和公平的化身。

其实，《三国演义》毕竟是历史小说，故事当中很多都是经过后人美化的，未必真实。这在陈寿著的史书《三国志》有所反映，人们对关公的为人也有不同看法。但一经美化，一传十，十传百，假的也便成了真的，真的就变成了金的。

关公死后的几百年，其名声一直并不显赫，到隋唐时期，只是归为一般的民间俗神。

天下大将何其多，大多淹没在历史的风尘中，为何关公能够沙里淘金，被誉为“帝”，甚至推为武圣人呢?

这里其实是有缘由的。早在唐代时，关公的故事就被人流传开了，到宋代开始升级，宋哲宗封他为“显烈王”，宋徽宗封他为“义勇武安王”。元末明初《三国演义》的成书，使得关公名声大震，明代明神宗加封其为“协天护国忠义帝”。到了清代，其地位登峰造极，封为“关圣大帝”，封号有20多个。从中可以看出，关羽由人到神，由臣到帝，历代统治者起到了推波助澜的作用。

关公是集忠、孝、节、义于一身，而这些恰恰是统治者所需要的。统治阶级需要树立精神偶像，来教化亿万臣民，加强其封建统治，而关公正符合其要求。同时，因为关公在民间有基础，妇孺皆知，符合中国老百姓的传统道德，是人们心目中理想的英雄好汉的形象。

其中还有一层原因，民间认为，关帝为万能之神，给人福禄，保佑科举，又能消灾祛祸，驱邪避恶，诛罚叛道，甚至还能招财进宝，庇护商人。关帝还被20多个行业奉为保护神，同时又被誉为“武财神”。而且据说，拜“武财神”比拜“文财神”更灵，因为普通百姓中，在文化教育被富人垄断的时代，文化水平高的人毕竟寥寥无几。

关帝一吃香，连佛教、道教也拉他入伙，以壮声威。佛教寺院将其列为护法神，道教将其列为“关圣帝君”、“荡魔真君”等。

正是官方、民间和宗教的几者结合，使得关公变得火起来了，成为中国历史长河中唯一能够与孔子并称为文武二圣的传奇人物，受到了全国各地民众普遍的顶礼膜拜，这是一种文化力量作用的结果。

于是，天下到处建关帝庙，也叫关王庙、武庙、老爷庙等。几乎每一个大点的集镇都有，一般在水口处。香火缭绕，香客不绝。我家乡的关帝庙，就是清朝雍正年间建立的。有记载：“凡儿童妇女，无有不震其威灵者，香火之盛，将于天地同不朽。”据说，关帝庙在全国分布的数量，几乎是居前三名，而且遍及华人世界。清朝末年，仅北京城区一地，关帝庙的数量就达到116座。据不完全统计，台湾地区就有数百座，直到今天，台湾地区关帝庙的数量，还在呈不断增长之势。很多人都愿意到关帝庙去当义工，可见关帝的魅力。

人的一生都在追求自然、完美、平安、富裕、幸福，都要祈求心灵的安慰，可现实生活，总会有种种的不如人意，甚至是意外，所以，老百姓一到过节就要忙乎，放鞭炮、贴门神、贴对联等，而关帝能够满足人们的各种心理，有求官的、有求财的、有求吉凶的、有求健康的……所以，每个人都有所求，这叫无事不登关帝庙，人们自然对关帝就敬爱有加，那么，他的香火就一定会旺盛。

至于关帝到底灵不灵，天知道，这跟宗教中的其他菩萨是一样的，信则灵，不信则不灵。可见关公的红火，完全是官家与民间共同炒作的结果。

跳钟馗

熟知钟馗，是因为邻县有个叫义成的小山村，每逢端午节，都要进行跳钟馗的表演。钟馗脸戴傩面具，身着官袍，相貌丑陋，拿着一把剑，从村头到村尾，一路吆喝，一路念咒，小鬼挡道，驱五毒，斩恶魔，祈福人寿年丰、迎福纳祥，镇宅佑安。一时鞭炮齐鸣，硝烟弥漫，锣鼓喧天，村民喜不自禁，热闹非凡。

漫漫人生路，祸福常相伴，冥冥之中，人们会寻求寄托。其实，跳钟馗，与所有对神灵的膜拜一样，都是一种精神寄托。在中国传统文化中，钟馗被当做“赐福镇宅圣君”。古书记载：他系唐初长安终南山人，生得豹头环眼，铁面虬鬓，相貌奇异；然而却是个才华横溢、满腹经纶的人

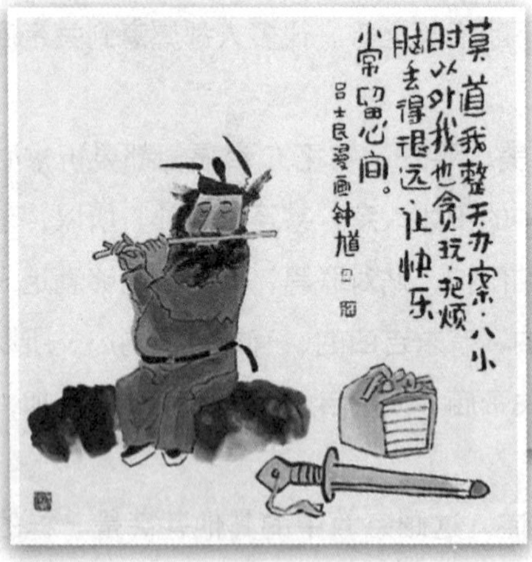

物，平素正气浩然，刚直不阿，待人正直，肝胆相照。

钟馗是民间出名的门神。据说，他能将一切妖魔鬼怪抵挡在外，深得百姓的喜爱。记得在贺敬之等人编写的大型歌剧《白毛女》中，其中第四幕，写女儿喜儿在除夕之夜，盼得父亲杨白劳躲债回来，一家人团聚，准

备过个欢欢喜喜的年，贴的门神就是那钟馗。“大鬼小鬼都挡在门外，无法再进来，再进来，能过一个平安年”。

其实，据考证，最初的钟馗，并非是人的名字，而是一种菌名。明代李时珍《本草纲目·服器·钟馗》：“《尔雅》云：‘钟馗，菌名也。’《考工记》注云：‘终葵，椎名也。’菌以椎形，椎以菌形，故得同称。俗画神执一椎击鬼，故亦名钟馗 。好事者因作钟馗传，言是未第进士，能啖鬼。遂成故事，不知其讹矣。”

钟馗也许源于仲葵，本是一种植物的名称，属于一种椎形菌类。椎本是一种敲打器物的工具，可作武器用，也许，有人便借用其谐音，编出一个手执椎形仲葵打鬼的钟馗。因故事讲的是专门捉拿凶邪恶鬼，很符合人们的心理，故受到欢迎。这样，也许菌类仲葵便变成了打鬼的钟馗，一个植物的名字也就变成了捉鬼英雄的名字了，世间的事，往往就是这样怪。

钟馗是中国传统诸神中唯一的万应之神，要福得福，要财得财，有求必应。世界上有华人的地方，就有对钟馗的信仰，这种信仰在东南亚地区也很普遍，信众多多，在陕西西安（钟馗故里）、江淮、闽南、台湾等地较为盛行。以前，人们在春节、端午、开工、开盘、开地、开业、开庙、开台、乔迁、庆丰、婚寿、祈福以及重要庆典活动时，都会悬挂钟馗画像和举行傩舞跳钟馗表演，常会有艺师打扮成钟馗的模样戴傩面具、着官袍、手持蝙蝠和宝剑跳。有时也有操弄钟馗之悬丝傀儡表演。人们祈盼：钟馗钟馗，赐福镇宅，中榜得魁。

唐代卢肇在《逸史》一书中，记载过一个钟馗捉鬼的故事。在唐玄宗登基那年（唐先天元年八月初四，712年9月9日），钟馗赴长安应试，他作《瀛州待宴》五篇，被主考官誉称“奇才”，取为贡士之首。可是殿试时，奸相卢杞竟以貌取人，迭进谗言，从而使其状元落选。钟馗一怒之下，头撞殿柱而死，震惊朝野，皇帝用状元待遇殡葬。传说唐明皇讲武于骊山偶遇风寒，月余不愈，一日睡梦中见一小鬼偷了杨贵妃的紫香囊和唐明皇的玉笛，绕殿而奔，这时又出现一大鬼，大鬼捉住小鬼后，把他吃了。大鬼相貌奇丑无比，头戴破纱帽，身穿蓝袍、角带，足踏朝靴，自称是终南山阿福泉牡丹园下落第进士，因科举不中，撞死于阶前。他对唐明皇说："誓与陛下除尽天下之妖孽。"唐明皇惊醒后很快病愈，下诏画师吴道子按照梦境绘成《钟馗捉鬼图》批告天下，以祛邪魅佑平安。吴道子挥笔而就，原来吴道子也做了个同样的梦，所以"恍若有睹"。

钟馗画像原来挂在宫中，在岁末悬挂。后来，不知怎的，流到了民间。春节和端午节的时候都拿出来挂。再后来，慢慢地变成凡是需要驱邪避祟的地方，钟馗都会粉墨登场，甚至把钟馗推向了极致，明代的李时珍《本草纲目》说，宋人有一个方子，将钟馗烧成纸灰二钱，再加上其他药物做成药丸，当药吃。

历代画家对钟馗往往情有独钟。唐代的吴道子画有《钟馗图》、张渥画过《执笏钟馗》，五代时有牟元德的《钟馗击鬼图》，宋代有石恪的《钟馗小妹图》、孙知微的《雪中钟馗》，元代有王林的《寒林钟馗》等。近代中国，任伯年、齐白石、徐悲鸿、张大千等都有这方面的作品。

岁月悠悠，钟馗这个"驱魔大神"绵延至今，经久不衰。启功先生的《题钟馗骑驴小景》，写得风趣而富有时代感。漫画家方成画过一幅钟馗图：钟馗靴帽整齐，双手袖于袍内，以石为枕，卧眠于地，并题五言诗道："春眠不觉晓，鼾声惊飞鸟。人间鬼太多，钟馗累坏了。"讽喻极为深邃。

钟馗在人们的心目中成了英雄，这是必然的，只要世间有不平，有邪恶，缺乏及时解决的有效途径，需要英雄好汉的庇护、挺身而出，钟馗定然会长盛不衰，尽管只是一种寄托。

麒　麟

家乡老宅多，宅里雕刻多，木雕、石雕、砖雕皆有；雕刻故事多，像郭子仪祝寿图、百子图等。雕工精细，层次分明，栩栩如生。在许多人家的雕刻中，其中有一幅是必不可少的，那就是麒麟送子。

麒麟乃吉祥物，亦作“骐麟”，简称“麟”，是中国古籍中记载的一种动物，与凤、龟、龙共称为“四灵”，是神的坐骑，古人把麒麟当做仁兽、瑞兽，雄性称麒，雌性称麟。现实中常认为长颈鹿是麒麟的原型，看来有那么回事，后常用来比喻杰出的人。麒麟送子缘于民间的一说法，“天上麒麟儿，地上状元郎”，以此为佳兆。民间普遍认为，求拜麒麟可以生育得子，延续香火。可见，谁家都希望自己家人丁兴旺。

相传麒麟是天上的神物，不是地上的，常伴神灵出现，属火系，属天仙。主聪慧，祥瑞。一般不会飞，不过成年的麒麟是会飞的。且能大能小，平时较慈祥，发怒时异常凶猛。成年的麒麟法术全面，同龙一样，能飞能入水，并生有双翼，但并不靠双翼，而靠驾云飞翔。

关于麒麟的记载，最早出现于河图洛书。传说中记载的神马，便是成年的麒麟。相传在伏羲氏时，伏羲氏教民“结绳为网以渔”，养家畜，促进了生产的发展，改善了人们的生存生活条件。因此，祥瑞迭兴，天授神物。有一种龙头马身的神兽，生有双翼，高八尺五寸，身披龙鳞，凌波踏水，如履平地，背负图点，由黄河进入图河（今洛阳市孟津县，白鹤、送庄乡境内），游弋于图河之中。人们称之为龙马（龙马即成年的麒麟，龙头，马身，有鳞，有翼。成年的麒麟才有翼）。这就是后人常说的“龙马负图”。

麒麟的每次出现，都是一个特殊的日子。据记载，伏羲、舜、孔子等出生，都伴有麒麟出现，并带来神的指示，最终指引胜利。麟凤龟龙四灵，麟曾经是四灵中地位最高的，性仁慈。后由于封建皇帝对龙的膜拜，麒麟被排挤到第二，成为民间祥瑞的独特代表。

麒麟文化是中国传统民俗文化。麒麟主太平，带来丰年、福禄、长寿与美好。

麒麟是各种动物的综合体。从其外形上看，集龙头、鹿角、狮眼、虎背、熊腰、蛇鳞于一身。它是中国古人创造出的虚幻动物，这种造型是把那些备受人们珍爱的动物所具备的优点，全部集中在麒麟神兽的建构上。民间对麒麟崇拜很深，有“麒麟儿”、“麟儿”之美称。南北朝时，对聪颖可爱的男孩，人们常呼为“吾家麒麟”。麒麟在官员朝服上也多被采用。清朝时，一品官的补子徽饰为麒麟，其地位仅次于龙。

麒麟的形象，现在仍可看到。中国现存最著名的麒麟形象，是南京南朝帝陵的麒麟，南朝帝陵镇守瑞兽有多种神兽，但都由麒麟形象演化而来，在南京中山门外，有一雕塑，名辟邪，此形象亦是南京的象征，取材于南京城外南朝萧梁帝陵。此雕塑纹饰华丽，身躯趋向于狮虎形象，用巨石雕琢而成，身高在3米左右，挺胸曲腰，目瞋口张，颈短而阔，昂首作仰天长啸状，兽身纹饰极富装饰味，整体感强，且厚实，在重视整体感的基础上，更注意夸张和变形，显得壮美而有生气。

凤　凰

国人对凤凰是有感情的。常见报端，某地出了个大学生，或乡村办了一个好厂，就说山村飞出了只金“凤凰”。

全国各地以凤凰命名的山，不计其数；以凤凰命名的村庄或城镇也不少，最出名的，大概是湘西凤凰古城，著名作家沈从文先生的故乡。文豪郭沫若在上个世纪20年代，写就的成名作之一《凤凰涅槃》，就是把祖国比作凤凰，希望危难中的祖国，能够早日摆脱黑暗，雪洗国耻，迎来光明与未来。

凤凰，中国古代传说中的百鸟之王，和龙一样为汉族的民族图腾之一。羽毛一般被描述为赤红色，雄为凤，雌为凰，其总称为凤凰，是一种代表幸福的灵物，常用来象征祥瑞，亦称为丹鸟、火鸟、鹍鸡、威凤等。凤凰齐飞，是吉祥和谐的象征。但凤凰一般代表女性。故宫建筑中，前三大殿的装饰以龙为主，但后面的庭院就是以凤凰为主，如丹凤朝阳等，因为后面是皇后、妃嫔及宫女的生活起居之地。

凤凰之说，多种多样，有人说最早凤凰属风，《禽经》上载：“凤禽，鸢类。越人谓之风伯。飞翔，则天大风。”郭沫若的《卜辞通纂》卷二记：“古人盖以凤为风神。”在古代风神信仰中，认为世界上的风是由巨大的鸟拍动翅膀产生的，这种能产生风的鸟就是凤凰，故崇拜凤凰为各方风神，认为四方各有一只巨鸟在拍动翅膀。也因此“凤”、“凰”二字与“风”字同有代表风的“几”部。后来风的代表逐渐被呼风唤雨的龙所取代，而凤凰也逐渐衍生出祥瑞、女性或者是火之类的象征。凤凰历来也被看做一种音乐鸟，其原因也正在于，凤是风鸟，风是天然音乐的创造者。还有说凤是风鸟，凰则是光鸟，即太阳鸟。

凤凰的形象一般为鸡首、燕颔、蛇颈、鹰爪、鱼尾、龟背和孔雀毛。传说中共有五类，分别是赤色的朱雀、青色的青鸾、黄色的鹓鸰、白色的鸿鹄和紫色的鷟鸑。神话中说，凤凰每次死后，会周身燃起大火，然后其在烈火中获得重生，并获得较之以前更强大的生命力，称之为“凤凰涅槃”。

凤凰的起源约在新石器时代，原始社会彩陶上的很多鸟纹是凤凰的雏形，距今约7400年的湖南洪江高庙文化遗址中，出土了一件白色陶罐，其颈部和肩部各戳印有东方神鸟（包括兽面、太阳）图案，一只朝向正面，一只侧面回首。据考古专家鉴定，这件陶器上的神鸟图案即凤凰，比浙江余姚河姆渡文化遗址中发现的凤凰图案至少要早400年，是迄今为止我国发现的最早的凤凰图案。

中国凤凰的种类有很多，其中除了凤、凰、鸾三种以外，人们耳熟能详的还有玄鸟、朱雀、金乌，比较有名的还有鷟鸑、鹓鸰、鵔䴊、鹔鹴、鷖鸟、䴅、鹎、鹄、焉、鷗、鹍鸡等别称或种类，还有说法将大鹏、帝江（帝鸿）、重明鸟也归到凤凰之类。各种名称或种类之间关系密切，说法众多。不过一般使用凤凰这一称谓时，仅指凤和凰，其他归为凤凰之类的鸟不能用凤凰这一称呼，而应当用其本名。

凤是人们心目中的瑞鸟，天下太平的象征。古人认为时逢太平盛世，便有凤凰飞来。凤的甲骨文和风的甲骨文字相同，代表具有风的无所不在及灵性力量的意思；凰即皇字，为至高至大之意。

凤凰也是中国皇权的象征，常和龙一起使用，凤从属于龙，用于皇后嫔妃，龙凤呈祥是最具中国特色的图腾。民间美术中也有大量的类似造型。凤也代表阴，尽管凤凰也分雄雌，更一般的是将其看做阴性。“凤”、“凰”常见于女性名。

因为是百鸟中最尊贵者，为鸟中之王（尽管其是虚构的），故有“百鸟朝凤”之说。

按阴阳五行之说，凤色赤，五行属火，是南方七宿朱鸟之象。另也为中国民间指的四灵之一（《礼运》，龙、凤凰、麒麟、龟）。

在中国人的思想形态里，“凤凰”自古以来就是传说中最重要的吉祥神奇之物，据说凤凰能在火中再生，象征美好、才智和吉祥。

凤凰性格高洁，非晨露不饮，非嫩竹不食，非千年梧桐不栖。在古代，凤凰是尊贵、崇高、贤德的象征，含有美好而又不同凡俗之意。凤凰文化深深植根于稻作文化之中，“和”也就成了凤凰形象的基本特性，《山海经·南山经》云：“是鸟也，饮食自然，自歌自舞，见者天下安宁。”所以，凤凰在民间自古就代表着和美、和谐与吉祥。

有人说，“凤凰”形象的本身，就是和谐观念的产物。一方面，它是一个“二合一”的对立统一体，雄为凤、雌为凰，表示阴阳调和、和合祥瑞；另一方面，它又是一个多元和合体，是在鸟图腾的基础上，融合原始时代多个不同氏族所崇拜的自然物的特征，集大成之美而成的。如《说文》就这样描绘凤凰形象的多元和合特征：“凤之象也，鸿前麟后，鹳颡鸳腮，龙文龟背，燕颔鸡啄，五色备举。”

在中国文化中，凤凰形象不仅表示自然物之“和”，也表示人类社会之“和”。凤凰“五色”后来就被看成是维系古代社会和谐安定的“德、义、礼、仁、信”五条伦理的象征。如《山海经·南山经》说：“（凤凰）首文曰德，翼文曰义，背文曰礼，膺文曰仁，腹文曰信。”《山海经·海内经》也说：“有鸾鸟自歌，凤鸟自舞。凤鸟首文曰德，翼文曰顺，膺文曰仁，背文曰义，见则天下和。”

在古代，凤凰还用来指有德之人。主张“和为贵”的大圣人孔子，便是中国历史上第一个被尊称为“凤”的人。古代思想家老子曾以凤凰来比喻孔子，据《庄子》记载：“老子见孔子从弟子五人，问曰：‘前为谁？’对曰：‘子路为勇。其次子贡为智，曾子为孝，颜回为仁，子张为武。’老子叹曰：‘吾闻南方有鸟，其名为凤，……凤鸟之文，戴圣婴仁，右智左贤。’”可以说，凤凰文化的和谐理念涵盖了自然与社会的方方面面，演绎了人间多少的喜庆与欢乐，丰富了人们的生活。

遥远的东方有条龙

华人世界中，动物的图腾，莫甚于龙的。国人常以龙的传人而自豪，龙成了中华民族的象征。

每逢节庆，全国各地举办丰富多彩的活动，舞龙是不可或缺的一项。中秋舞稻草龙，元宵舞布龙、花龙、板凳龙，形式多样，目不暇接。这样的习俗由来已久，据说，早在汉代，就有杂记记载了这样壮观的场面：为了祈雨，人们去舞龙；表达良好祝愿，人们去舞龙；祈求人寿年丰，人们也要舞龙。

舞龙灯时，几十个壮汉举着巨龙上下穿行，时而腾起，时而俯冲，变化万千，夹有鞭炮、焰火，腾云驾雾之势！成百上千狂欢的人们，锣鼓齐鸣，蔚为壮观，好不热闹！

舞“龙”成为了维系中华民族传统文化不可缺少的乐章，体现了中国人的豪迈气概。

龙是我国古代传说中的一种灵异动物，万兽之首，万能之神。蛇身、蜥腿、凤爪、鹿角、鱼鳞、鱼尾，口角有虎须、额下有珠。能走，亦能飞，能游水，能大能小，能隐能现，能翻江倒海，吞风吐雾，兴云降雨，似乎无所不能。

现在，我们所见的龙，大体都是源于古人的想象。目前，国内发现的最早龙形图案来自于8000年前的兴隆洼文化查海遗址，查海遗址在辽宁阜新县，一条长约19.7米，用红褐色石块堆砌、摆放的龙。这条龙的发现，把国人崇龙的历史大大推前。

在远古时期，人们对大自然许多现象无法合理解释，于是便希望具备风雨雷电那样的力量，像鱼一样能在水中游弋，像鸟一样可以在天空飞翔的动物。这样，许多动物的特点就集中在龙身上，龙渐渐成了“九不像”。

龙的形象，古籍记述不一。一说为细长有四足，马首蛇尾。一说为身披鳞甲，头有须角，五爪。《本草纲目》则称“龙有九似”，兼备各种动物之长。其名殊多，有鳞者谓蛟龙，有翼者称应龙，有角者名螭龙，无角名虬。小者名蛟，大者称龙。

相传龙的形体“九像九不像”，《尔雅翼》云：龙者鳞虫之长。王符言其形有九似：头似牛，角似鹿，眼似虾，耳似象，项似蛇，腹似蛇，鳞似鱼，爪似凤，掌似虎，是也。其背有八十一鳞，具九九阳数。其声如戛铜盘。口旁有须髯，颔下有明珠，喉下有逆鳞。头上有博山，又名尺木，龙无尺木，不能升天。呵气成云，既能变水，又能变火。

另一说是：“嘴像马、眼像蟹、须像羊、角像鹿、耳像牛、鬃像狮、鳞像鲤、身像蛇、爪像鹰”；还有一说是：“头似驼、眼似鬼、耳似牛、角似鹿、项似蛇、腹似蜃、鳞似鲤、爪似鹰、掌似虎”。

台湾画师相传画龙口诀，颇为有趣：“一画鹿角二虾目、三画狗鼻四牛嘴、五画狮鬃六鱼鳞、七画蛇身八火炎，九画鸡脚画龙罢”，也许记住它，你也可以画出一条栩栩如生的龙呢！

周朝“五爪天子、四爪诸侯、三爪大夫”，元以前的龙基本是三爪的，有时前两足为三爪，后两足为四爪，实例可参见唐、宋、元的瓷器纹饰。明代流行四爪龙，清代则是五爪龙为多。

民间“五爪为龙，四爪为蟒”的说法，形成于清代，主要作为皇帝与下臣服装纹饰的差别，皇帝穿“龙袍”，其他皇族和下臣穿“蟒袍”，但这只是名称上的差别，从形式上来讲，龙和蟒都是四足蛇类，形状无差异。

龙是至高无上的，皇帝自称自己就是天的儿子，只有他配享龙的权利。在故宫中，随处可见龙的涂饰，单龙、双龙、三龙等。在北海公园里，就有九龙壁，九只龙矫健、奋起，雄姿岸然。

龙有龙生九子之说，是指龙生九个儿子，九个儿子都不成龙。龙生九子，并非龙恰好生九子。中国传统文化中，以九来表示极多，有至高无上地位，九是个虚数，也是贵数，所以用来描述龙子。龙有九子说法已久，但究竟是哪九种动物，一直没有说法，直到明朝才出现了各种说法。明代一些学人笔记，如陆容的《菽园杂记》、李东阳的《怀麓堂集》、杨慎的《升庵集》、李诩的《戒庵老人漫笔》、徐应秋的《玉芝堂谈荟》等，对诸位龙子的情况均有记载，但不统一。

中国龙文化形成后，不仅在国内迅速传播，而且传到国外。印度佛教中的龙，是由中国传过去的。传播路线可能有两条：一条是经中国西南地区传入。在秦汉早期，西南地区就和印度之间有了频繁的商品贸易。因此，龙崇拜经由这条途径传入印度是完全有可能的。另一条路线是西域丝绸之路。中原王朝早在三千多年前便与西域有接触，传说周代早期已有移民到达葱岭以东地方。商灭夏之后，夏部落有一部分人徙往西北地区，到达甘肃等地之后，继续向西迁徙，进入西域的焉耆国。后来，这些迁入焉耆国的龙氏族部落至晋代时成为该国的统治者，并以“龙”为姓。他们把自己的龙文化带入西域是肯定无疑的。

龙是伟大的，它得到了所有炎黄子孙的尊敬；龙又是虚无的，因为它只是一种精神，而不是一种物质。在中国，龙为神话中的神异动物，在阴阳宇宙观中代表阳，是民族的象征和王室的标志。有人认为这是古代炎黄统一中原各部落后，糅合各氏族的图腾形成的形象。传说龙能隐能显，春分时登天，秋分时潜渊，又能兴云致雨。历代帝王都自命为龙，使用器物也以龙为装饰。龙被中国先民作为祖神敬奉，普遍尊尚“龙”，中国人经常自称“龙的传人”。

龙在传统的十二生肖中排列第五。龙与凤凰（朱雀）、麒麟、龟（玄武）一起并称“四瑞兽”，是四灵之首。

中国的龙文化，在现代中国依然保持着强大生机，龙文化在国家统一、民族复兴中，虽不能起到主导作用，但作为主流文化，仍对国人有强大感召力、凝聚力、向心力。

中国的龙，以东方神秘主义的特有形式，通过复杂多变的艺术造型，蕴涵着中国人、中国文化中特有的基本观念：一是龙的观念 ，蕴涵着中国人天人合 一的宇宙观，仁者爱人的主体观，阴阳交合的发展观，兼容并包的多元文化观。二是龙的理念包含着中国人处理四大主体关系时的理想目标、价值观念，追求天人关系的和谐，人际关系的和谐，阴阳矛盾关系的和谐，多元文化关系的和谐。三是龙的精神多元一体、综合创新的中国文化基本精神，这是中国龙文化的最深层的底蕴。

在先民的心目中，龙既然是神物，当然，也就在观念上，将龙同祥瑞联系到一起了。人们用龙比喻美好的事与物，龙的形象深入到社会生活的方方面面。在各种艺术作品中，在语言文字中，在各类物品上，都不乏有龙的形象。

在“食”的领域中，更是与龙结下了不解之缘。如食品中有龙虾、龙眼、龙荔、龙须菜、龙虎斗、龙井茶、龙须面等。这些食品名称，有的是取其形似，有的则是寓意吉祥。又如在节令食俗上，早在元代已有“二月二，龙抬头”的记载。为表达对丰收的祈望，这一天很多地方盛行吃面食，这天做的面条叫“龙须面”，烙饼叫“龙鳞”，饺子叫“龙牙”。清代时，人们在“龙抬头”这一天还要用白灰从门外蜿蜒撒入厨房，并绕水缸一周，名为引龙回。北京的市民要用黍面、枣糕、麦米等用油煎成食品，称为薰虫。此外，在元宵节人们要舞龙灯，端阳节要赛龙舟，这些都属于与龙相关的饮食文化活动。

龙的姿态，各具时代特色，有的曲体盘绕，有的穿云腾越，有的信步前行，有的蓄力待发。斗转星移，我们的祖先所创造的“龙”，至今仍保持着旺盛的生命力，仍为人民群众所喜爱。

说 龟

“神龟虽寿，犹有竟时，腾蛇乘雾，终为土灰”，这是三国时期大诗人曹操《龟虽寿》中的著名诗句。由此可见，那时人们对乌龟都已奉为神灵了。与其他三灵龙、凤、麟不同，龟是大自然中实有的动物，看得见，摸得着，与人类的关系非常密切，而且被神化的时间还相当早，至少在殷商时代，就成为原始宗教中先民崇拜的对象，民族的图腾之一。

龟，俗称乌龟，泛指龟鳖目的所有成员，它是现存的最古老的爬行动物。特征是，它们身上都长有非常坚固而光滑的甲壳，保护自己，受袭击时，龟可以自如地把头、尾及四肢缩回龟壳内，让人奈何不得。龟其貌不扬，动作缓慢，无攻击性，只有防卫，形象上没出息，所以，民间有人骂人常用“龟”词。龟又是长寿动物，寿命百年不足为奇，一般300多年，更有相传千年的，有“千年不烂龟”的说法。

《史记·龟策列传》记载着这样一个传奇故事：传说南方有位老人，因为南方地气潮湿，他就用四只龟来垫床脚，经过了20多年，老人死了，后人搬移床铺，发现四只龟经过20多年不食不动，照样活着。

人类都想长生不老，或是延年益寿，正是这点，龟成了四灵之一。《礼记·礼运》云：“何谓四灵，麟凤龙龟，谓之四灵。”宋代的《十三经注疏》载：“象物，有象在天……麟、凤、龙、龟谓之四灵。”《述异记》载："龟一千年生毛，寿五千岁谓之神龟，寿一万年曰灵龟。"民间常用"龟龄鹤寿"、"龟鹤延年"等，来比喻人之长寿，进而引申为经历长、阅历多，又能知未来的灵性。后来又说灵龟是来自天上，愈发神化。神化其实就是一种崇拜与敬畏。

殷商时代，王室中就把龟甲用来占卜世间万事，占卜是件大事，占卜时，自然要举行十分神秘而隆重的仪式。择定吉日良辰，群臣斋戒，由王室人员沐浴跪拜，祭祀天日，场面壮观。然后提出占卜的问题，如祭祀、战争、饮食、气象、狩猎、行旅灾祸等。巫师用烧红的木棍，烧灼龟甲，使其发生爆裂而产生裂痕，这就是所要祈求的兆象，称为"龟兆"，来判断吉凶。龟甲占卜后，还要在龟甲上契刻上卜辞。这就是在殷墟上，大批出现的甲骨文。

龟在历史上受到了人们的崇敬，于是，城市、帝位、官爵、货币等，都与龟发生了种种联系，有过一段相当显赫的时期。《搜神记》中就有个"龟化城"的故事。说春秋战国时期，秦惠王二十七年，张仪、司马错取蜀后，在成都筑城，屡建屡毁。这时，有一大龟浮出水面，沿着原有子城爬行至东南而毙。张仪问巫师，巫师告诉他："可依龟行筑城"，最后成都城终于建成了。于是，成都有了"龟化城"或"龟城"之称，至今仍然相传。

《周礼·春官》中，有以龟命名的"龟人"，掌六龟之属，有祭祀，龟人就奉龟前往，以示祭祀的隆重。汉朝时，还有元龟铸九鼎，称为龟鼎，作为国家的守器，以喻帝位之所在。帝王迁都，必先迁龟鼎。诸侯、丞相的官印都是黄金铸成的金龟作为印钮。唐代，龟袋作为爵位高低的佩饰，三品官以上戴金龟，四品官戴银龟，五品官戴铜龟。据说唐朝著名诗人贺知章在长安街头邂逅诗仙李白，相邀酒楼一醉，可发现没有带钱，于是解下金龟来抵酒钱，一醉方休。后人常以“因解金龟，以酒为乐”作为文坛佳话而相传。天文学上有一种说法，天分为四极，东宫苍龙，南宫朱雀，西宫白虎，北宫玄武。其中的玄武，就是乌龟的美称。玄即为龟背带黑色，武指龟有硬甲，可以抵御外敌。

因龟长寿，古人也喜欢以“龟”字取名。宋国有公于围龟，汉朝有陈龟、朱龟等，唐代人更以“龟”字为乐，有著名的音乐家李龟年和文学家陆龟蒙。南宋时期爱国诗人陆游更是对龟情有独钟，用龟壳做了一顶两寸高的龟帽，自称“龟屋”，让人啼笑皆非。龟忍辱负重，力气巨大。古代的碑林中，都喜欢把碑安在赑屃上，其实赑屃是传说，真正的动物就是乌龟。安在那里，显得庄重而富有文化品位。比如在陕西的西安碑林和北京的地坛碑林，都是如此。

龟因其小巧，人们喜欢养，放在庭院和天井中，赏心悦目，令人心怡。同时，因其营养价值丰富，肥美可口，也可以作为一道美食来享用。还可以作为药膳来使用，是冬令滋补的佳品。

春　节

春节，中国人一年中最重要、最隆重、最盛大的节日。传统意义上的春节，是指从腊月初八的腊祭或腊月二十三或二十四的祭灶，一直到正月十五， 以除夕和正月初一为高潮。

春节大约有三四千年的历史了。它的来源有一个美丽的传说：古时候有一种叫“年”的兽。头长触角，凶猛异常。“年”长年深居海底，每到除夕才爬上岸，吞食牲畜伤害人命。这一天，村村寨寨的人们扶老携幼逃往深山，以躲避“年”的伤害。有一年除夕，从村外来了个乞讨的老人。乡亲们处在惊恐慌乱中，没有人理会他，只有村东头一位老婆婆给了老人些食物，并劝他快上山躲避“年”。那老人把胡子撩起来笑道：“婆婆若让我在家待一夜，我一定把‘年’赶走。”老婆婆继续劝说，乞讨老人笑而不语。

半夜时分，“年”闯进村。它发现村里气氛与往年不同：村东头老婆婆家，门贴大红纸，屋内烛火通明。“年”浑身一抖，怪叫了一声。将近门口时，院内突然传来“噼里啪啦”的炸响声，“年”浑身战栗，再不敢往前凑了。原来，“年”最怕红色、火光和炸响。这时，婆婆的家门打开，只见院内一位身披红袍的老人在哈哈大笑。“年”大惊失色，狼狈逃窜了。

第二天是正月初一，避难回来的人们见村里安然无恙，十分惊奇。这时，老婆婆才恍然大悟，赶忙向乡亲们述说了乞讨老人的许诺。这件事很快在周围村里传开了，人们都知道了驱赶“年”的办法。从此每年除夕，家家贴红对联、燃放爆竹；户户烛火通明、守更待岁。这风俗流传下来便成了春节。

“腊八嫂，夹雨夹雪走”，这也是乡间的俗语，意味着女子到了腊八就得出嫁了，再不出嫁，今年就不得出嫁。腊八节，吃了腊八粥，就开始准备过年的事情了。

腊八之后，事情太多，要办年货了，要做粿、打糕、包粽子，忙不过来，腊月里的女人最辛苦，而且是天寒地冻时节。

腊月二十三是小年，有的地方是二十四。据说这是灶王爷向玉皇大帝禀报这家人的善恶的日子，必须要送灶。送灶时，人们在灶王像前的桌

案上供放糖果、清水、料豆、秣草等，其中，后三样是为灶王升天的坐骑备料。祭灶时，还要把糖（或蜜）融化，涂抹在灶王爷的嘴上，这样，他就不能在玉帝那里讲坏话了。民间传说，灶王爷上天专门告人间善恶，一旦哪家被告有恶行，大罪要减寿三百天，小罪要减寿一百天。人们认为灶

王爷在玉皇大帝面前美言几句，便会给家里带来幸福，可保佑来年一家平安。因此，每年腊月二十三，家家户户都要祭祀灶神，请求他上天后多说好话、吉利话。

七天之后，就是除夕，还要把“灶神”再接回来。年三十的晚上，灶王爷还要与诸神来人间过年，那天还有“接灶”、“接神”的仪式。接送灶王爷都由男主人主持，女眷不参加。

送走“灶神”，就是二十四了，“大工小工，二十四下工”，二十四祭拜祖宗，把祖宗的画像或照片挂在墙上，备好酒水、贡品，接受族人的祭拜，一直到大年三十。其中扫尘也必不可少，据典籍记载，上古就有年终扫除的习惯。由来已久。按民间的说法：因“尘”与“陈”谐音，新春扫尘有“除陈布新”的含义，其用意是要把一切“穷运”、“晦气”统统扫出门。这天，对庭院内外要进行彻底的大清理。这一习俗寄托着人们破旧立新的愿望和辞旧迎新的祈求，也是讲究卫生、预防疾病的传统美德。

“腊月二十五，推磨做豆腐”、“腊月二十六，杀猪割年肉”，这两天要筹备过年的豆腐、肉食。杀猪，当然是杀自家养的猪；割肉，是指没养猪的人家，要到集市上去买过年吃的肉。春节期间，亲朋好友相聚，肉是少不掉的，“除了猪肉，无大荤”，所以，肉要备得足足的，随来随吃。

“腊月二十七，宰鸡赶大集。”这一天，家家户户除了要宰杀家禽外，还要赶集上店、集中采购。与平日赶集不同，腊月二十七赶集，主要是买卖年节物品，例如：鞭炮、春联、香烛、烧纸、牛羊肉、赠送小孩子的各种玩具礼品、女孩子的各种头花饰物等等。这一天，各地的集市都十分红火热闹。

“腊月二十八，打糕蒸馍贴花花。”所谓贴花花，就是张贴年画、春联、窗花和各种神码。其中贴春联的习俗，源于古代的“桃符”。古人以桃木为辟邪之木，《典术》曰：“桃者，五木之精也，故压伏邪气者也。”到了五代时，后蜀君主孟昶雅好文学，他每年都命人题写桃符，成为后世春联之滥觞，而题写于桃符上的“新年纳余庆，嘉节号长春”，便成为有记载的中国历史上第一副“春联”。随着造纸术的问世，才出现了以红纸代替桃木张贴春联的习俗。

除夕是每年农历的最后一天，它与春节（正月初一）首尾相连。“除夕”中的“除”字是“去；易；交替”的意思，“除夕”的意思是“月穷岁尽”，人们都要除旧布新，有旧岁至此而除，来年另换新岁的意思，是农历全年的最后一个晚上。晚上全家人团聚在一起，吃年夜饭，这桌饭应该是一年中最丰盛的。而且要多烧一些，吃得有余，自谓“年年有余”。吃完饭围在一起聊天，摆上各种果盘，边吃边聊守岁。当然，现在人是观看春节联欢晚会，一家人其乐融融。到了零点，新旧交替之际，家人要放鞭炮，然后封上大门。

新年初一的早晨，开门大吉，先放爆竹，叫做“开门炮仗”。爆竹声后，碎红满地，灿若云锦，称为“满堂红”。然后家人早上要吃饺子、吃红豆汤、吃茶叶蛋，要放上枣子、板栗、白果等，以图吉利。

正月初一为扫帚生日，这一天不能动用扫帚，否则会扫走运气、破财，招致霉运。假使非要扫地不可，须从外头扫到里边，肥水不外流。这一天也不能往外泼水倒垃圾，怕因此破财。今天许多地方还保存这一习俗，大年夜扫除干净，年初一不出扫帚，不倒垃圾，备一大桶，以盛废水，当日不外泼。

春节里自然要拜年，民间互访拜年：一是走亲戚。初一必须到岳父家，须带礼物。进门后先向佛像、祖宗影像、牌位各行三叩首礼，然后再给长辈们依次跪拜。可以逗留吃饭、玩耍。二是礼节性的拜访。如给同事、朋友拜年，一进屋门，仅向佛像三叩首，如与主人系平辈则只须拱手一揖而已，如比自己年长，仍应主动跪拜，主人应走下座位作搀扶状，连说免礼，表示谦恭。一般不宜久坐，寒暄两句客套话就要告辞。主人受拜后，应择日回拜。三是感谢性的拜访。凡一年来对人家欠情的就要买些礼物送去，借拜年之机，表示谢忱。四是串门式的拜访。对于左邻右舍的街坊，素日没有多大来往，但见面都能说得来，只是到院里，见面彼此一抱拳说："恭喜发财"、"一顺百顺"，在屋里坐一会儿而已，无甚过多礼节。

北方正月初二祭财神，这天无论是商贸店铺，还是普通家庭，都要举行祭财神活动。各家把除夕夜接来的财神祭祀一番。这天中午要吃馄饨，俗称"元宝汤"。祭祀的供品用鱼和羊肉。祭品要用"五大供"，即整猪、整羊、整鸡、整鸭、红色活鲤鱼等，祈望今年发大财。

初三是女娲造羊的日子，故称"羊日"。这一天里，人们不能杀羊，如果天气好，则意味着这一年里，羊会养得很好，养羊的人家会有个好收成。

初五俗称破五。旧习要吃"水饺子"五日，如今有的人家只吃三两天，有的隔一天一吃，然而没有不吃的。从王公大宅到街巷小户都如是，就连待客也如此。妇女们也不再忌门，开始互相走访拜年、道贺。南方人在正月初五祭财神。民间传说，财神即五路神。所谓五路，指东西南北中，意为出门五路，皆可得财。在零时零分，打开大门和窗户，燃香放爆竹，点烟花，向财神表示欢迎。接过财神，大家还要吃路头酒，但愿财神爷能把金银财宝带来家里，在新的一年里大发大富。

正月初七为人日，传说女娲初创世，在造出了鸡狗猪牛马等动物后，于第七天造出了人，所以这一天是人类的生日，有登高赋诗的习俗。每至人日，皇帝赐群臣彩缕人胜，又登高大宴群臣。如果正月初七天气晴朗，则一年人口平安，出入顺利。

初八是谷子生日。这天天气晴朗，则主这一年稻谷丰收，天阴则年歉。初九是天日，传说此日为玉皇大帝生日。天日时，妇女备清香花烛、斋碗，摆在天井巷口露天地方膜拜苍天，求天公赐福。

正月初十为石头生日。这一天凡磨、碾等石制工具都不能动，甚至设祭享祀石头，恐伤庄稼。也称“石不动”、“十不动”。初九夜，人们将一瓦罐冻结在一块平滑的大石头上，初十日早晨，以绳系罐鼻，由十个小伙子轮流抬着瓦罐走。石头不落地则预示当年丰收。

正月十五闹元宵，又称上元节，这是新年第一个月圆夜。历代有观灯、舞龙的习俗，故又称灯节。当日还要吃元宵，有团圆美满之意。

元宵过后，一切复归平静，该上学的上学，该上班的上班，该出门的出门了。一切似乎从头开始，过着日复一日的生活，盼望着下一个春节的来临。

元宵节

我爱好摄影，每到元宵节，会接到若干朋友电话，邀我参加元宵节活动。那边是灯展，这里是舞龙，龙有布龙、板凳龙、花龙，还有跳大头舞、和合舞的。

“闹”大概是元宵的魂吧。不“闹”不叫元宵，自古以来莫不如此。明代江南风流才子唐伯虎曾盛赞过元宵灯节，留下了脍炙人口的绝妙诗句：“有灯无月不娱人，有月无灯不算春；春到人间人似玉，灯烧月下月如银。满街珠翠游村女，沸笙星歌赛社神；不展劳樽开口笑，如何消得此良辰。”读罢此诗，不由感慨那时的红男绿女闹元宵，是何等的疯狂。

元宵过了，也就意味着年谢幕了，所以都要在上工前，欢欢喜喜地闹一场。记得我的家乡，每到元宵之际，都要举行灯会，比试一番。每个村要扎两三条布龙。到了华灯初上之时，古老的小镇就沸腾了，鞭炮齐鸣，烟花绽放，焰火璀璨，五光十色，人山人海，锣鼓喧天，龙腾狮舞，硝烟弥漫，热闹非凡。特别是相聚在数百年的关帝庙前，各个舞龙队一比高低，龙珠飞旋，龙身翻滚，龙尾飞甩，众人喝彩，笑语飞溅，真是一幅火树银花不夜天的景象。

这元宵节“闹”了两千多年，早在西汉时期就有了。元宵赏灯始于东汉明帝时期，明帝提倡佛教，听说佛教有正月十五日僧人观佛舍利、点灯敬佛的做法，就命令这一天夜晚在皇宫和寺庙里点灯敬佛，令士族庶民都挂灯。以后这种佛教礼仪节日，逐渐形成民间盛大的节日。该节经历了由宫廷到民间，由中原到全国的发展过程。还有一说是元宵燃灯的习俗起源于道教的“三元说”：正月十五日为上元节，七月十五日为中元节，十月十五日为下元节。主管上、中、下三元的分别为天、地、人三官，天官喜乐，故上元节要燃灯。到了清代，又增加了舞龙、舞狮、跑旱船、踩高跷、扭秧歌等“百戏”内容，更丰富了元宵节的活动。

元宵节有两样事是必不可少的。一个就是吃元宵。这一习俗早在宋代就流行了，相传汉武帝有个宠臣名叫东方朔，他善良又风趣。有一年冬天，下了几天大雪，东方朔就到御花园去给武帝折梅花。刚进园门，就发现有个宫女泪流满面准备投井。东方朔慌忙上前搭救，并问明她要自杀的原因。原来，这个宫女名叫元宵，家里还有双亲及一个妹妹。自从她进宫以后，就再也无缘和家人见面。每年到了腊尽春来的时节，就比平常更加地思念家人，觉得不能在双亲跟前尽孝，不如一死了之。一天，东方朔出宫在长安街上摆了一个占卜摊。不少人都争着向他占卜求卦。不料，每个人所占所求，都是"正月十六火焚身"的签语。一时之间，长安里起了很大恐慌。人们纷纷求问解灾的办法。东方朔就说："正月十三日傍晚，火神君会派一位赤衣神女下凡查访，她就是奉旨烧长安的使者，我把抄录的偈语给你们，可让当今天子想想办法。"说完，便扔下一张红帖，扬长而去。老百姓拿起红帖，赶紧送到皇宫去禀报皇上。

汉武帝接过来一看，只见上面写着："长安在劫，火焚帝阙，十五天火，焰红宵夜"，他心中大惊，连忙请来了足智多谋的东方朔。东方朔假意地想了一想，就说："听说火神君最爱吃汤圆，宫中的元宵不是经常给你做汤圆吗？十五晚上可让元宵做好汤圆。万岁焚香上供，传令京都家家都做汤圆，一齐敬奉火神君。再传谕臣民一起在十五晚上挂灯，满城点鞭炮、放烟火，好像满城大火，这样就可以瞒过玉帝了。此外，通知城外百姓，十五晚上进城观灯，杂在人群中消灾解难。"武帝听后，十分高兴，就传旨照东方朔的办法去做。

到了正月十五日，长安城里张灯结彩，游人熙来攘往，热闹非常。宫女元宵的父母也带着妹妹进城观灯。当他们看到写有"元宵"字样的大宫灯时，惊喜地高喊："元宵！元宵！"元宵听到喊声，终于和家里的亲人团聚了。

如此热闹了一夜，长安城果然平安无事。汉武帝大喜，便下令以后每到正月十五都做汤圆供火神君，照样全城挂灯放烟火。因为元宵做的汤圆最好，人们就把汤圆叫元宵，这天叫做元宵节。元宵的外形团团圆圆，正月十五的月亮也是团团圆圆，月圆人团圆，元宵成了团圆、和睦、美满、

幸福的象征，因此元宵是一定要吃的。我们家乡的人每到元宵一早就准备开了。泡米、碾粉、备馅、揉粉、制作、水煮，那是忙得不亦乐乎。不

过想想一家人团团圆圆的，过后就要离开了。该上学的上学、该上班的上班，这再忙再累也值得，幸福的笑脸堆满了额头。

另一重要的事就是观灯。因此，元宵节也称灯节、灯夕。关于灯有一个传说。相传在很久以前，凶禽猛兽很多，四处伤害人和牲畜，人们就组织起来去打它们，有一只神鸟因为迷路而降落人间，却意外地被不知情的猎人给射死了。天帝知道后十分震怒，立即传旨，下令让天兵于正月十五日到人间放火，把人间的人畜财产通通烧死。天帝的女儿心地善良，不忍心看百姓无辜受难，就冒着生命的危险，偷偷驾着祥云来到人间，把这个消息告诉了人们。众人听说了这个消息，犹如头上响了一个焦雷，吓得不知如何是好，过了好久，才有个老人家想出个法子，他说："在正月十四、十五、十六日这三天，每户人家都在家里张灯结彩、点响爆竹、燃放烟火。这样一来，天帝就会以为人们都被烧死了。"

大家听了都点头称是，便分头准备去了。到了正月十五这天晚上，天帝往下一看，发觉人间一片红光，响声震天，连续三个夜晚都是如此，以为是大火燃烧的火焰，心中大快。人们就这样保住了自己的生命及财产。为了纪念这次成功，从此每到正月十五，家家户户都悬挂灯笼、燃放烟火来纪念这个日子。黄梅戏《夫妻观灯》反映的就是夫妻在元宵节观灯引发的趣味故事。长篇小说《红楼梦》中，甄士隐的独女英莲也是在元宵节那天观灯时失踪的，后来引出了一个葫芦僧乱判葫芦案这样荒诞离奇的故事。

当越来越多的人喜欢过洋节，喜欢洋节的那份狂欢，可你别冷落了我们自己民族的狂欢节——元宵节。

清明节

“懵里懵懂，清明下种”；“谷子下水，冻得见鬼”；“宁可领儿孙挂钱，不可领儿孙拜年”。这是每年清明前后，老母亲常在我耳畔念叨的话。

前两句是说清明前后，江南已到了播种之时，虽然水中尚寒。可见清明是一个重要的节气，是一年希望的寄托，是安排农事的好时机。“清明前后，点瓜种豆”说的也是这个理。

后一句则是指清明这个传统节日，祭祀是一项非常重要的活动，这事对后辈来说，甚至比拜年更重要、更有意义。所以，每年清明，不知有多少身处异乡的游子，不惜长路迢迢，也要赶回老家在亡去的先祖前，燃一炷香，磕一响头，铲一抔黄土，寄一份哀思。

清明就是这样一个节气与节日相叠的日子。清明节相传距今已有2500多年的历史了。

清明是一首销魂断肠的哀歌。杜牧的“清明时节雨纷纷，路上行人欲断魂”，即点明了时令特点，让多少人泪雨飞扬、黯然神伤。清明祭祖、慎终追远这一习俗，据说是源于清明前一天的寒食节。这里有一个令人怦然心动而伤感的故事。相传是春秋战国时期的晋文公重耳为了纪念介子推当年曾经割肉相救之情，下令天下百姓这一天禁忌烟火，只能吃寒食、凉物。后来，唐玄宗被这个故事感动，于开元二十年诏令天下“寒食上墓”，且列为当时“五礼”之一。寒食与清明仅隔一天，为图方便，人们干脆决定在清明扫墓。民间这一活动，非常隆重，不仅仅有家祭，还有族祭，一般在祠堂和祖墓上进行，甚至有公祭，比如祭奠中华民族的先祖黄帝、炎帝等。到明清时，清明扫墓更为盛行。

“年年祭扫先人墓，处处犹存长者风”，家家户户的后代子孙都要携带酒食、果品、纸钱、鞭炮等到祖坟墓地，将食物供祭在祖先墓前，再将

纸钱焚化，鸣炮祈祷，为坟墓培上新土，栽几株鲜花或折几枝嫩绿的新枝插在坟上，然后叩头行礼祭拜，最后，还必须在墓前吃掉酒食才回家。新中国成立后，祭祖之风依然盛行，只是在“文革”期间，祭祖曾经作为封资修行为遭到批判和封杀。当年，我的奶奶依然相信这一套，只能偷偷摸摸地进行。“文革”结束，这一习俗再度回潮，这是传统回归的力量。当然，人们也会选择在这天祭扫烈士墓，献上花圈，种植松柏，缅怀革命先辈。祭奠的方式也变得更加文明，往往以鲜花来替代。

清明是一幅色彩斑斓的画。“万物生长此时，皆清洁而明净。故谓之清明。”清明节后雨水增多，万物由阴转阳，吐故纳新，一派春和景明之象。此时，在江南已是春意盎然、姹紫嫣红的景象。粉红的桃花，洁白的梨花、李花，更有那漫山遍野的油菜花，到处是花的海洋，争奇斗妍，芳菲满地，一派欣欣向荣的景象。梨花风起正清明说的就是这番景。穿梭在花海中的人络绎不绝，更是摄影人士心花怒放的时候，不知有多少人迷醉，多少人癫狂！

从唐代起，“清明”渐成春游踏青的代名词，且历代承袭成为习惯，人们在这个时节，纷纷走出户外，踏青、郊游、荡秋千、踢足球、打马球、插柳、拔河、斗鸡……其乐融融。孩子们最钟情的，则要数放风筝，有的风筝上还装有竹笛，经风一吹能发出响声，犹如古筝的声音，据说风筝的名字也就是这么得来的。

清明人们有插柳植树的活动。古诗中就有“满街杨柳绿似烟，划出清明三月天”的说法。此时植树成活率高，对净化、美化环境大有裨益。

清明更是一道色香味美的佳肴。清明之际，和风吹送，嫩草茂盛，燕啭莺啼，各种野菜和植物的芽头陆续探出了头，正是采摘的好时机。山中的荠菜、蕨菜、香椿、竹笋、紫藤花等都是极佳的美味，而且绿色环保无污染，颇得人们的青睐。那些年轻的姑娘、少妇们挎着篮子，迈着轻步，采摘回来，包饺子、馄饨，做圆子，清香可口，美煞人也。在我的家乡徽州一带，清明节人们最喜欢做的是清明粿。家家户户无一例外，都会把精心备下的糯米、馅料搬出准备做清明粿。比如说馅料，一般是豆腐、春笋、辣椒、腊肉、豆干，考究的就是用猪大肠，而这大肠就是头年腊月就特意留下的，且需挂在灶头上熏。比如说豆干，必然是江南一绝的五城香干。风和日丽的时候，小孩或大人来到田野，选那细嫩的艾叶或苎麻叶，采回来，剔去叶柄，在锅中煮，一会就捞出，然后拿到河边搓揉，漂尽浓汁，捏成小绿团，再用刀剁碎，和进糯米粉中，在石臼中搅拌均匀。做时，要用刚起锅的热开水泡，反复搅拌，再捏成小团，呈碗状，然后把事先备好的馅心放入，拍成圆溜溜的饼状，要厚薄匀称。然后放在蒸笼里蒸，约莫半个小时，那气直了，粿香了，就可起笼了。于是，用手蘸点水，把它摊在篾匾里，一圈圈，如群星拱月，稍冷一下，我们就可以狼吞虎咽，大快朵颐了。一口咬下，那白花花的鲜汤往下流，馋死人。

清明就是这样一个节日，有着自己深厚的内涵，它如歌如画、如诗如梦，让人难以忘怀。

端午节

端午节作为我国三大传统节日之一，是个非常古老的节日，始于春秋战国时期，至今已有2000多年历史。“节分端午自谁言，万古传闻为屈原”，唐代诗人文秀的诗句，道出了端午节的来源，是为了大诗人屈原而设立的。

屈原，春秋时期楚怀王的大臣。他倡导举贤授能，富国强兵，力主联齐抗秦，遭到贵族子兰等人的强烈反对，屈原遭谗去职，被赶出都城，流放到沅、湘流域。他在流放中，写下了忧国忧民的《离骚》、《天问》、《九歌》等不朽诗篇，独具风貌，影响深远。公元前278年，秦军攻破楚国京都。屈原眼看自己的祖国被侵略，心如刀割，但是始终不忍舍弃自己的祖国，于五月五日，在写下了绝笔作《怀沙》之后，抱石投汨罗江身死。人们为了怀念屈原，就有了龙舟竞渡、吃粽子、喝雄黄酒的风俗，所以，端午节又称诗人节、爱国节。

关于它的起源，还有三说，一是源于纪念伍子胥。伍子胥名员，楚国人，父兄均为楚王所杀，后来子胥弃暗投明，奔向吴国，助吴伐楚，五战而入楚都郢城。当时楚平王已死，子胥掘墓鞭尸三百，以报杀父兄之仇。吴王阖闾死后，其子夫差继位，吴军士气高昂，百战百胜，越国大败，越王勾践请和，夫差许之。子胥建议，应彻底消灭越国，夫差不听，吴国太宰，受越国贿赂，谗言陷害子胥，夫差信之，赐子胥宝剑，子胥本为忠良，视死如归，在死前对邻舍人说：“我死后，将我眼睛挖出悬挂在吴京之东门上，以看越国军队入城灭吴”，便自刎而死，夫差闻言大怒，令取子胥之尸体装在皮革里于五月五日投入大江，因此相传端午节亦为纪念伍子胥之日。

二是为纪念东汉孝女曹娥救父投江。曹娥是东汉上虞人，父亲溺于江中，数日不见尸体，当时孝女曹娥年仅十四岁，昼夜沿江号哭。过了十七天，在五月五日也投江，五日后抱出父尸。就此传为神话，继而相传至县府知事，令度尚为之立碑，让他的弟子邯郸淳作诔辞颂扬。

三是源于古越民族图腾祭。根据近代大量出土文物和考古研究证实：一个崇拜龙的图腾的部族——史称百越族，他们有断发纹身的习俗，生活于水乡，自比是龙的子孙。其生产工具，大量的还是石器，也有铲、凿等小件的青铜器。作为生活用品的坛坛罐罐中，烧煮食物的印纹陶鼎是他们所特有的，是他们族群的标志之一。端午节就是他们创立用于祭祖的节日。

说到端午节，还有一样是让人忘不了的：吃粽子。粽子，又叫“角黍”、“筒粽”。据记载，早在春秋时期，用菰叶（茭白叶）包黍米成牛角状，称“角黍”；用竹筒装米密封烤熟，称“筒粽”。东汉末年，以草木灰水浸泡黍米，因水中含碱，用菰叶包黍米成四角形，煮熟，成为广东碱水粽。晋代，粽子被正式定为端午节食品。这时，包粽子的原料除糯米外，还添加中药益智仁，煮熟的粽子称“益智粽”。南北朝时期，出现杂粽。米中掺杂禽兽肉、板栗、红枣、赤豆等，品种增多。粽子还用作交往的礼品。到了唐代，粽子的用米，已“白莹如玉”，其形状出现锥形、菱形。宋朝时，已有“蜜饯粽”，即果品入粽。诗人苏东坡有“时于粽里见杨梅”的诗句。元、明时期，粽子的包裹料已从菰叶变革为箬叶，后来又出现用芦苇叶包的粽子，附加料已出现豆沙、猪肉、松子仁、枣子、胡桃等等，品种更加丰富多彩。

所以到现在，每年五月初，家家户户都要浸糯米、洗粽叶、包粽子，花色品种繁多。从馅料看，北方多包小枣的北京枣粽；南方则有豆沙、鲜肉、火腿、蛋黄等多种馅料，其中以浙江嘉兴粽子为代表。吃粽子的风俗，千百年来，盛行不衰，而且流传到朝鲜、日本及东南亚诸国。

端午节比较普遍的活动还有以下几种：

赛龙舟，端午节主要习俗之一。相传起源于古时楚国人因舍不得贤臣屈原投江死去，许多人划船追赶拯救。他们争先恐后，追至洞庭湖时不见踪迹。之后每年五月五日划龙舟以纪念之。借划龙舟驱散江中之鱼，以免鱼吃掉屈原的身体。竞渡之习，盛行于吴、越、楚。

其实，“龙舟竞渡”早在战国时代就有了。在急鼓声中划刻成龙形的独木舟，做竞渡游戏，以娱神与乐人，是祭仪中半宗教性、半娱乐性的节目。

后来，赛龙舟除纪念屈原之外，在各地人们还赋予了不同的寓意。江浙地区划龙舟，兼有纪念当地出生的近代女民主革命家秋瑾的意义。夜龙船上，张灯结彩，来往穿梭，水上水下，情景动人，别具情趣。贵州苗族人民在农历五月二十五至二十八举行“龙船节”，以庆祝插秧顺利和预祝五谷丰登。云南傣族同胞则在泼水节赛龙舟，纪念古代英雄岩红窝。不同民族、不同地区，划龙舟的传说有所不同。直到今天，在南方的不少临江河湖海的地区，每年端午节都要举行富有自己特色的龙舟竞赛活动。

端午节小孩佩香囊，传说有辟邪驱瘟之意，实际是用于襟头点缀装饰。香囊内有朱砂、雄黄、香药，外包以丝布，清香四溢，再以五色丝线弦扣成索，做各种不同形状，结成一串，形形色色，玲珑可爱。

人们还把插艾和菖蒲作为端午节重要内容。家家洒扫庭除，以菖蒲、艾条插于门眉，悬于堂中。并用菖蒲、艾叶、榴花、蒜头、龙船花，制成人形或虎形，称为艾人、艾虎；制成花环、佩饰，美丽芬芳，妇人争相佩戴，用以驱瘴。

中秋节

“但愿人长久，千里共婵娟。”北宋大诗人苏轼的一首《水调歌头·明月几时有》，道尽了天涯游子中秋之夜把酒赏月，对亲人、对故乡的深深思念之情，词句情真意切，又颇富哲理。

农历八月十五日，是传统的中秋佳节。此时正处秋季中期，故名中秋。农历一年分为四季，每季又分为孟、仲、季三个部分，因而中秋也称仲秋，又叫“月夕”、“八月节”。

印象中八月十五的月亮，似乎比其他月份的满月更圆、更亮。此夜，正是家人团聚之时，但人世间聚少离多，人们仰望浩瀚的天空，那如玉如盘的明月，“举头望明月，低头思故乡”，人们期盼与家人团聚。漂泊他乡的游子，借明月，诉思乡情，洒思亲泪。所以，中秋又称“团圆节”。

中秋节有着悠久的历史，和其他节日一样，它也是慢慢形成的，古代帝王有春天祭日、秋天祭月的礼制，《周礼》一书中，已有“中秋”一词的记载。周代中秋夜，人们都要迎寒和祭月，设大香案，摆上月饼、西瓜、苹果、红枣、李子、葡萄等祭品，其中月饼和西瓜是绝对不能少的。西瓜还要切成莲花状。在月下，将月亮神像放在月亮的那个方向，红烛高燃，全家人依次拜祭月亮，然后，由当家主妇切开团圆月饼。切的人预先算好全家人数，在家的，外地的，都算在内，大小要切一样。贵族和文人也一样，在中秋月夜，对着天上又亮又圆一轮皓月，观赏祭拜，寄托情怀，这种习俗传到了民间，进而形成一个传统的活动。

到了唐代，祭月风俗更为人重视，中秋节成为固定的节日，《唐书·太宗记》记载有“八月十五中秋节”，赏月、玩月颇为盛行。在北宋京师，八月十五夜，满城人家，不论贫富老小，都要穿上成人的衣服，焚香拜月，说出心愿，祈求月亮神的保佑。南宋，民间以月饼相赠，取团圆之义。有些地方还有舞草龙、砌宝塔等活动。明清以来，中秋节的风俗更加盛行；许多地方形成了烧斗香、树中秋、点塔灯、放天灯、走月亮、舞火龙等风俗，让中秋变得更加热闹、喜庆。这些习俗，大部分至今还流传着。比如舞草龙，在我的家乡附近依然十分盛行。

中秋节，流传着众多美丽的传说，最出名的当数嫦娥奔月。相传，远古时候，天上十日同现，晒得庄稼枯死，民不聊生。一个名叫后羿的英雄，力大无穷，他同情受苦百姓，登上昆仑山顶，运足神力，拉开神弓，一气射下了九个太阳，并严令最后一个太阳要按时起落，为民造福。后羿因此受到百姓的爱戴，娶了个美丽善良的妻子嫦娥。后羿除传艺狩猎外，出双入对，人们对这对郎才女貌的夫妻，羡慕不已。

不少人慕名投师学艺，心术不正的蓬蒙也混了进来。一天，后羿到昆仑山访友求道，巧遇由此经过的王母娘娘，便向王母求得一包不死药。据说，服下此药，能即刻升天成仙。然而，后羿舍不得撇下妻子，只好暂时把不死药交给嫦娥珍藏。嫦娥将药藏进梳妆台的百宝匣里，不料被小人蓬蒙看见了，他想偷吃不死药自己成仙。

三天后，后羿率众外出，心怀鬼胎的蓬蒙假装生病，留了下来。待后羿率众人走后不久，蓬蒙手持宝剑闯入内宅后院，威逼嫦娥交出不死药。嫦娥知道自己不是蓬蒙的对手，危急之时她当机立断，转身打开百宝匣，拿出不死药一口吞了下去。嫦娥吞下药，身子立时飘离地面、冲出窗口，向天上飞去。由于嫦娥牵挂着丈夫，便飞落到离人间最近的月亮上成了仙。

傍晚，后羿回到家，侍女们哭诉了白天发生的事。后羿既惊又怒，抽剑去杀恶徒，蓬蒙早逃走了，后羿气得捶胸顿足，悲痛欲绝，仰望着夜空呼唤爱妻的名字，这时他惊奇地发现，今天的月亮格外皎洁明亮，而且有个晃动的身影酷似嫦娥。他拼命朝月亮追去，可是他追三步，月亮退三步，他退三步，月亮进三步，无论怎样也追不到跟前。

后羿无可奈何，又思念妻子，只好派人到嫦娥喜爱的后花园里，摆上香案，放上她平时最爱吃的蜜食鲜果，遥祭在月宫里眷恋着自己的嫦娥。百姓们闻知嫦娥奔月成仙的消息后，纷纷在月下摆设香案，向善良的嫦娥祈求吉祥平安。

再如吴刚折桂的传说：相传月亮上的广寒宫前桂树生长繁茂，有五百多丈高，下边有一个人常在砍伐，但是每次砍下去之后，被砍的地方迅即合拢。几千年了，随砍随合，这棵桂树永远不倒。据说这个砍树的人叫吴刚，曾跟随仙人修道，到了天界，但是他犯了错误，仙人就把他贬谪到月宫，日日做这种苦差使，以示惩处。李白的诗中有“欲斫月中桂，持为寒者薪”的记载。

第三个较为出名的传说，是朱元璋与月饼起义。中秋节吃月饼相传始于元代。当时，中原人民不堪忍受统治阶级的横征暴敛，纷纷起义抗元。朱元璋联合各路反抗力量准备起义。但朝廷官兵搜查严密，传递消息十分困难。军师刘伯温便想出一计，命令属下把藏有“八月十五夜起义”的纸条藏入饼子里面，再派人分头传送到各地起义军中，通知他们八月十五日晚上起义。到了起义的那天，各路义军一齐响应，如星火燎原之势。很快攻下元大都，起义成功。消息传来，朱元璋高兴得连忙传下口谕，在即将来临的中秋节，让全体将士与民同乐，并将当年起兵时以秘密传递信息的“月饼”，作为节令糕点赏赐群臣。此后，“月饼”制作越发精细，品种更多，大者如圆盘，成为馈赠的佳品。以后中秋节吃月饼的习俗便在民间流传开来。

今天城乡群众过中秋，都有吃月饼的习俗，俗话中有：“八月十五月正圆，中秋月饼香又甜。”月饼最初是用来祭奉月神的祭品，那时，它也只是像菱花饼一样的饼形食品。后来人们逐渐把中秋赏月与品尝月饼结合在一起，寓意家人团圆。

月饼最初是在家庭制作的，清袁枚在《随园食单》中就记载有月饼的做法。到了近代，有了专门制作月饼的作坊，月饼的制作越来越精细，馅料考究，外型美观，在月饼的外面还印有各种精美的图案，如“嫦娥奔月”、“银河夜月”、“三潭印月”等。以月之圆兆人之团圆，以饼之圆兆人之常生，用月饼寄托思念故乡、思念亲人之情，祈盼丰收、幸福。月饼还被用来当做礼品送亲赠友，联络感情。

中国地域广大，人口众多，风俗各异，中秋节的过法也是多种多样，并带有浓厚的地方特色。除了赏月、祭月、吃月饼外，还形成了很多特殊习俗，如香港的舞火龙、安徽的堆宝塔、广州的树中秋、晋江的烧塔仔、苏州石湖看串月、傣族的拜月、苗族的跳月、侗族的偷月亮菜、高山族的托球舞等。

重阳节

跟很多人一样，我对重阳的最初了解，缘于一首诗，那就是王维的那首著名的《九月九日忆山东兄弟》：“独在异乡为异客，每逢佳节倍思亲。遥知兄弟登高处，遍插茱萸少一人。”同时知道了重阳节的两大习俗：一是登高，二是插茱萸。

后来得知：之所以把农历九月九日定为重阳节，是因为古老的《易经》中把“六”定为阴数，把“九”定为阳数，九月九日，日月并阳，两九相重，故而叫重阳，也叫重九，古人认为是个值得庆贺的吉利日子，并且从很早就开始过此节日。

九九重阳，早在春秋战国时的《楚辞》中已提到了。屈原的《远游》里写道：“集重阳入帝宫兮，造旬始而观清都。”这里的“重阳”是指天，还不是指节日。三国时魏文帝曹丕《九日与钟繇书》中，则已明确写出重阳的饮宴了：“岁往月来，忽复九月九日。九为阳数，而日月并应，俗嘉其名，以为宜于长久，故以享宴高会。”

晋代文人陶渊明在《九日闲居》诗序文中说：“余闲居，爱重九之名。秋菊盈园，而持醪靡由，空服九华，寄怀于言。”这里同时提到菊花和酒。大概在魏晋时期，重阳日已有了饮酒、赏菊的做法。到了唐代重阳被正式定为民间的节日。

到明代，九月重阳，皇宫上下要一起吃花糕以庆贺，皇帝要亲自到万岁山登高，以畅秋志，此风俗一直流传到清代。

和大多数传统节日一样，重阳节也有古老的传说。相传在东汉时期，汝河有个瘟魔，只要它一出现，家家就有人病倒，天天有人丧命，这一带的百姓受尽了瘟魔的蹂躏。一场瘟疫夺走了青年恒景的父母，他自己也因病差点儿丧了命。病愈之后，他辞别了心爱的妻子和父老乡亲，决心出去访仙学艺，为民除掉瘟魔。恒景四处访师寻道，访遍各地的名山高士，终于打听到在东方有一座最古老的山，山上有一个法力无边的仙长，恒景不畏艰险和路途的遥远，在仙鹤指引下，终于找到了那座高山，找到了那个有着神奇法力的仙长，仙长为他的精神所感动，终于收留了恒景，并且教给他降妖剑术，还赠他一把降妖宝剑。恒景废寝忘食苦练，终于练出了一身非凡的武艺。

这一天仙长把恒景叫到跟前说："明天是九月初九，瘟魔又要出来作恶，你本领已经学成，应该回去为民除害了。"仙长送给恒景一包茱萸叶，一盅菊花酒，并且密授辟邪用法，让恒景骑着仙鹤赶回家去。

恒景回到家乡，在九月初九的早晨，按仙长的叮嘱把乡亲们领到了附近的一座山上，发给每人一片茱萸叶，一盅菊花酒，做好了降魔的准备。中午时分，随着几声怪叫，瘟魔冲出汝河，但是瘟魔刚扑到山下，突然闻到阵阵茱萸奇香和菊花酒气，便戛然止步，脸色突变，这时恒景手持降妖宝剑追下山来，几个回合就把瘟魔刺死剑下，从此九月初九登高避疫的风俗年复一年地流传下来。梁人吴均在他的《续齐谐记》一书里曾有此记载。

在古代，民间在重阳有登高的风俗，故重阳节又叫"登高节"。相传此风俗始于东汉。唐代文人所写的登高诗很多，大多是写重阳节的习俗；杜甫的七律《登高》，就是写重阳登高的名篇。登高所到之处，没有划一的规定，一般是登高山、登高塔。

还有吃"重阳糕"的习俗。据史料记载，重阳糕又称花糕、菊糕、五色糕，制无定法，较为随意。九月九日天明时，以片糕搭儿女头额，口中念念有词，祝愿子女百事俱高，乃古人九月做糕的本意。讲究的重阳糕要做成九层，像座宝塔，上面还做成两只小羊，以符合重阳（羊）之义。有的还在重阳糕上插一小红纸旗，并点蜡烛灯。这大概是用"点灯"、"吃糕"代替"登高"的意思，用小红纸旗代替茱萸。当今的重阳糕，仍无固定品种，各地在重阳节吃的松软糕类都称之为重阳糕。

重阳节正是一年的金秋时节，菊花盛开，据传赏菊及饮菊花酒，起源于晋朝大诗人陶渊明。陶渊明以隐居出名，以诗出名，以酒出名，也以爱菊出名；后人效之，遂有重阳赏菊之俗。旧时文人士大夫，还将赏菊与宴饮结合，以求和陶渊明更接近。北宋京师开封，重阳赏菊之风盛行，当时的菊花就有很多品种，千姿百态。民间还把农历九月称为“菊月”，在菊花傲霜怒放的重阳节里，观赏菊花成了节日的一项重要内容。清代以后，赏菊之习尤为昌盛，且不限于九月九日，但仍然是重阳节前后最为繁盛。

重阳节在陕北是正式收割的季节，有首歌唱道：“九月里九重阳，收呀么收秋忙。谷子呀，糜子呀，上呀么上了场。”陕北过重阳在晚上，白天是一整天的收割、打场。晚上月上树梢，人们喜爱享用荞面熬羊肉，待吃过晚饭后，人们三三两两地走出家门，爬上附近山头，点上火光，谈天说地，待鸡叫才回家。夜里登山，许多人都摘几把野菊花，回家插在女儿的头上，以之辟邪。

今天的重阳节，被赋予了新的含义，在1989年，我国把每年的九月九日定为老人节，传统与现代巧妙地结合，成为尊老、敬老、爱老、助老的老年人的节日。全国各机关、团体、街道，往往都在此时组织从工作岗位上退下来的老人们秋游赏景，或临水玩乐，或登山健体，让身心都沐浴在大自然的怀抱里。

火把节

每一个民族都会有自己独特的节庆方式，火把节则是彝族、白族、纳西族、拉祜族、哈尼族、普米族等民族的传统节日。大山深处，长夜如墨，燃起一堆堆的篝火，男男女女，围火而坐，载歌载舞，笑声朗朗，何其热烈，何其奔放。

火把节据说是为了纪念人类使用火。可以说，火的使用是人类社会的一大进步。彝族、纳西族、基诺族在农历六月二十四举行，白族在六月二十五举行，拉祜族在六月二十举行，节期两三天。彝族认为过火把节是要长出的谷穗像火把一样粗壮。后人以此祭火驱家中田中鬼邪，以保人畜平安。节庆期间，各族男女青年点燃松木制成的火把，到村寨田间活动，边走边把松香撒向火把，除秽求吉。

每年的火把节之夜各民族都在同一地域庆祝，从山寨到城镇，从高山到平原，人人燃起火把，手拉手足跟足围成圈子载歌载舞。老人弹着平日积满灰尘的月琴，小伙子吹着很久没有摸了的笛子，姑娘们吹弹着挂在胸前的口弦，祈望年年风调雨顺，五谷丰登，六畜兴旺，歌唱美好的生活。在月光下一把把火把，一堆堆熊熊燃烧的篝火，像一颗颗天上的繁星落到人间，到处是火的世界，到处是歌舞的海洋。

一般“火把节”的庆祝活动有三天。第一天是祭火。这一天，人人穿着自己心爱的礼服，高高兴兴。村村寨寨都会宰牛杀羊，摆好宴席，各式各样的肉，又香又甜的酒，这些香味芬芳四溢，用它敬神，神也会赞不绝口。夜幕降临时，临近村寨的人们会在老人们选定的地点搭建祭台，以传统方式击石取火点燃圣火，由毕摩（彝族民间祭司）诵经祭火。然后家家户户、大人小孩都会从毕摩手里接过用蒿草扎成的火把，游走于田边地角，效仿阿什嫫以火驱虫的传说。

火把节第二天是传火。这一天，家家户户都聚集在祭台圣火下，举行各式各样的传统节日活动。小伙们要效仿传说中的阿体拉巴，赛马、摔跤、唱歌、斗牛、斗羊、斗鸡。姑娘们则效仿传说中的阿诗玛，身着美丽的衣裳，撑起黄油伞，唱起“朵洛荷”、跳起达体舞。在这一天，最重要的活动莫过于彝家的选美了。年长的老人们要按照传说中阿体拉巴勤劳勇敢、英武神俊和阿诗玛善良聪慧、美丽大方的标准从小伙姑娘中选出一年一度的美男和美女。夜幕降临，一对对有情男女，在山间，在溪畔，在黄色的油伞下，拨动月琴，弹响口弦，互诉相思。故也有人将凉山彝族国际火把节称作是“东方的情人节”。

火把节第三天：送火。这是整个凉山彝族国际火把节的高潮。这一天夜幕降临时，人人都会手持火把，竞相奔走。最后人们将手中的火把聚在一起，形成一堆堆巨大的篝火，欢乐的人们会聚在篝火四周尽情地歌唱、舞蹈，场面极其壮观。故也有“东方狂欢夜”之称。

据说很早以前，天上有个大力士叫斯惹阿比，地上有个大力士叫阿体拉巴，两人都有拔山的力气。有一天，斯惹阿比要和阿体拉巴比赛摔跤，可是阿体拉巴有急事要外出，临走时，他请母亲用一盘铁饼招待斯惹阿比。斯惹阿比认为阿体拉巴既然以铁饼为饭食，力气一定很大，便赶紧离开了。阿体拉巴回来后，听母亲说斯惹阿比刚刚离去，便追了上去，要和他进行摔跤比赛，结果斯惹阿比被摔死了。天神恩梯古兹知道了此事，大为震怒，派了大批蝗虫、螟虫来吃地上的庄稼。阿体拉巴便在旧历六月二十四那一晚，砍来许多松树枝、野蒿枝扎成火把，率领人们点燃起来，到田里去烧虫。从此，彝族人民便把这天定为火把节。

火把节流传至今，已经成为彝族等民族的重要节日，庆祝的节目主要有：

斗牛。在人们围起的大圆圈中，两头凶悍结实的牯牛角抵着角，在主人的吆喝中、观众的呐喊声中拼命搏斗。获得最后胜利的牛只将披红挂彩，得到奖品，大家也会上前称赞这头牛的主人是牧农好手，方能养到这样的好牛。

摔跤。摔跤活动在彝族很盛行，分绊脚和不绊脚两种，以摔倒为输；不同村寨推选最强壮而有能耐的摔跤能手进行比赛，获胜者除了获颁奖品外，他们自己的村寨还另以酒、羊、牛等美食来庆祝和鼓励。

此外，还有精彩的射箭比赛，而会场无时无处不聚集着许多骑马的少年和穿鲜艳服装的彝族姑娘，他们对歌跳舞，围观者高歌伴唱，到处充满欢乐的歌声和笑得合不拢嘴的老人家，连远道而来的游人也感染了节日喜庆的气氛。

热情奔放的篝火晚会。夜幕低垂，人们吃着香喷喷的烤肉，然后以松枝点燃火焰，手举火把围绕跑一圈，祈祷消除虫灾病害，祈求丰收连年。热情沸腾的群众，将火把围成一堆一堆的篝火，成千上万的彝族儿女跳起“大三弦”舞，全部人即刻沉浸在火海、歌海、舞海及花海中，尽情欢歌狂舞，直到天边吐鱼肚白，雄鸡唱晓。

火把节也是少男少女点燃爱苗、传达情意的好时机，姑娘们穿着自己缝制的衣裳展示灵巧的手艺，小伙子在种种比赛和表演中博得姑娘们的芳心及微笑。

到了此时此刻，他们都找到意属的心上人，根据习俗男方可以抢夺女方身上的信物，作为订情之物；他们也借着通宵欢歌狂舞，互相表达爱意，绵绵情意与熊熊烈火，照红了夜空，也照亮有情人的心。

泼水节

很多年前，对泼水节的印象，来自于电影《五朵金花》，影片中展现了隆重的泼水节习俗。还有一个印象，是一张照片，周恩来总理1961年视察孔雀之乡——西双版纳景洪时，适逢傣历新年泼水节，周总理身着民族服装，与边疆少数民族儿女互相泼水祝福。

泼水节可以说是傣族最隆重的节日，傣语叫“楞贺尚罕”，也是现在云南少数民族中影响面最大、参加人数最多的节日。节日来临之前，家家要缝新衣，买新伞，备办节日盛装。每个村寨都要制作高升、礼花，装饰龙舟，开展划船训练，青年人还要排练节目，做歌舞表演。节日来临，要杀猪宰牛做年糕，准备丰盛的年饭，宴请亲朋好友。

泼水节的来历，有着一个伤感的民间故事，传说人间的气候本来由一位名叫捧玛乍的天神掌管，有无上的魔力。他把一年分为旱季、雨季、冷季，为人间规定了农时，让一位名叫捧玛点达拉乍的天神掌管施行。捧玛点达拉乍自以为神通广大，无视天规，为所欲为，乱行风雨，错放冷热，弄得人间雨旱失调，冷热不分，苗枯死，人畜遭灾。有位叫帕雅晚的青年，以四块木板做翅膀，飞上天庭找到天王英达提拉，诉说人间的灾难。帕雅晚欲到最高一层天去朝拜天塔——塔金沙时，不慎撞在天门之上，一扇天门倒塌，将他压死在天庭门口。帕雅晚死后，天王英达提拉开始用计惩处法术高明的捧玛点达拉乍。他变成一位英俊小伙子，佯装去找捧玛点达拉乍的七个女儿谈情。七位美丽的妙龄女郎同时爱上了他。姑娘们从小伙子的嘴里了解到自己的父亲降灾人间之事以后，既惋惜又痛恨。七位善良的姑娘为使人间免除灾难，决心大义灭亲。她们想尽办法探明了父亲的生死秘诀。在捧玛点达拉乍酩酊大醉之时，剪下他的一束头发，制作一张“弓赛宰”（心弦弓），毅然割下了为非作歹的捧玛点达拉乍的头颅抱在怀中，不时轮换，互用清水泼洒冲洗污秽，洗去遗臭。人们为了纪念那七位姑娘，在新年期间，就相互泼水祝福，久而成习。

泼水节是在傣族的新年之际，相当于公历的4月中旬。这时傣族地区旱季结束，雨季来临，草木萌发，是充满生机和希望的季节。一般持续3至7天。第一天傣语叫“麦日”，与农历的除夕相似；第二天傣语叫“恼日”（空日）；第三天是新年，叫“叭网玛”，意为岁首，人们把这一天视为最美好、最吉祥的日子。

泼水节期间，第一天，人们穿上节日盛装，先到佛寺进行堆沙浴佛活动，用沙子堆砌三五座宝塔型沙堆，然后围塔而坐，聆听诵经和历史传说。还可以到江边去观看龙舟比赛。第二天，是泼水日，互祝吉祥、幸福、健康。男女青年一边翩翩起舞，一边呼喊，鼓锣之声响彻云霄，祝福的水花到处飞溅，互相追逐，被人泼得愈多，说明受到的祝福愈多，越是漂亮的男女被人泼得也愈多。那是水的世界，花的海洋，场面真是十分壮观。

傣家人在泼水节，喜欢排成队伍，敲着铓锣，擂起象脚鼓，集体跳起“依拉贺”舞，挨家挨户去拜年，祝贺新年愉快、万事如意。唱词非常有意思。“依拉贺”，是一种边舞边歌的唱词，具有傣家人浓厚的生活气息和丰富的情感，在“拜年”、“泼水”、“赛龙船”、“放高升”时演唱，十分有趣。如，“拜年”词：“攀枝花，红艳艳，桑开傣（新年贺新），已来到。帕萨傣（傣族），尽开颜，糯米酒，蜜样甜，共举杯，贺新年，依拉贺，依拉贺，水水水！”泼水词：“澜沧江，黎明城，各族人，似穿梭。深情人，心中出，似洁泉，如甘露。银水花，在飞舞，一个个，湿漉漉。透进心，是祝福，笑脸盘，是花朵。依拉贺，依拉贺，水水水！”赛龙船词：“铜芒响，齐举桨，团结紧，有力量。像蛟龙，譬波浪，昂起首，使劲划，帕萨傣，赛龙船，依传统，争上游。依拉贺，依拉贺，水水水！” 放高升词：“做高升，放高升。学科学，练本领。火一点，黑烟喷，似利箭，冲入去。祝来年，好光景，愿五谷，又丰登。依拉贺，依拉贺，水水水。”

泼水节另一项引人注目的活动是划龙舟，跳象脚鼓舞和孔雀舞。那是傣族新年的第三天，傣语称之为“麦帕雅晚玛”，节日的气氛达到了高潮，穿着节日盛装的群众欢聚在澜沧江畔、瑞丽江边，观看龙舟竞渡。孔雀在傣族也被视作吉祥的象征，通过跳孔雀舞来表达人们美好的愿望。

泼水节期间，家家户户都要贴上剪纸，还要做一种“毫咯素”的食品。用糯米面、红糖、香花做成，蒸出来金灿灿的，人们又称其为“金米饭”。

泼水节的活动内容丰富，其他的还有放高升、丢包、跳孔雀舞等。所谓放高升是将许多竹筒装入火药，绑在一根长长的竹竿上，点燃后向上飞升。丢包是青年男女分成两组，相向而立，将一个菱形布包互相对掷，嬉笑传情。开始是乱掷，慢慢地就丢向意中人，而后双方渐渐退出活动场地，另觅偏僻之地，趁着花好月圆，互吐衷肠，表达爱意。一桩美好的姻缘，也许就在这泼来泼去的柔水中促成了。水真是多情物，怪不得人们说，女人柔情似水。

妈祖节

一地有一地的崇拜，在我国的东南沿海乃至东南亚地区，人们最崇拜的是妈祖，到处都是妈祖庙。据说，现在全世界有5000多座妈祖庙。信众有2亿多人。

妈祖，又称作天妃、天后、天上圣母、娘妈，是历代海洋贸易者、船工、海员、旅客、商人和渔民共同信奉的神祇。看过一篇文章介绍，澳门是赌城，世界各地的赌博人，凡进澳门赌场，都得到妈祖庙去拜一拜，否则必输。

据考证，历史上还真有妈祖其人。她生于公元960年（宋太祖建隆元年三月二十三日），祖父林孚，官居福建总管。父林愿（惟殷），宋初官任都巡检。在她出生之前，父母已生过五个女儿，盼望再生一个儿子，因而朝夕焚香祝天，祈求早赐麟儿，可是这一胎又是一个女婴，父母有些失望。就在妈祖出生前的那个傍晚，邻里乡亲看见流星化为一道红光从西北天空射来，晶莹夺目，照耀得岛屿上的岩石都发红了。所以，父母感到这个女婴必非等闲之女，也就特别疼爱。因为她出生至弥月间都不啼哭，便给她取名林默，父母又称她为林默娘、默娘。

林默幼年时就比其他姐妹聪明颖悟，八岁从塾师启蒙读书，不但能过目成诵，而且能理解文字的意旨。长大后，她决心终生以行善济人为事，矢志不嫁，父母顺从她的意愿。她专心致志地做慈善公益的事业，平素精研医理，为人治病，教人防疫消灾，人们都感颂她。她性情和顺，热心助人。只要能为乡亲排难解纷，她都乐意去做，还经常引导人们避凶趋吉。人们遇到困难，也都愿意跟她商量，请她帮助。

生长在大海之滨的林默，还洞晓天文气象，熟习水性。在附近海域里遇难的渔舟、商船，常得到林默的救助，因而人们传说她能“乘席渡海”。她还会预测天气变化，事前告知船户可否出航，所以又传说她能

“预知休咎事”，称她为“神女”、“龙女”。

987年（宋太宗雍熙四年九月初九），是年仅二十八岁的林默与世长辞之日。这一天，湄洲岛上群众纷纷传说，他们看见湄峰山上有朵彩云冉冉升起，又恍惚听见空中有一阵阵悦耳的音乐……

从此以后，航海的人又传说常见林默身着红装飞翔在海上，救助遇难呼救的人。因此，海船上就逐渐地普遍供奉妈祖神像，以祈求航行平安顺利。

历史上留下了众多关于妈祖的传说。比如祷雨济民，相传妈祖二十一岁的时候，莆田地方出现大旱，全县百姓都说非妈祖不能救此灾害。于是，县尹亲往向妈祖求救，妈祖祈雨，并说壬子日申刻就会下大雨。到了那天，上午晴空无云，丝毫没有要下雨的征兆，申刻一到，突然乌云滚滚，大雨滂沱而下，久旱遇甘雨，大地恢复往日生机。这样的传说非常多，妈祖庙非常灵验，有求必应，因此，妈祖逐渐被神化。

福建湄洲是妈祖的故乡，是妈祖文化的发祥地。台湾及东南亚各地的众多妈祖庙，都是由莆田湄洲妈祖祖庙分灵出去的。湄洲祖庙是全世界妈祖信众心中的圣地。一年四季，前来妈祖祖庙进香朝觐的国内外香客人数达百万之众。每年的农历三月二十三妈祖诞辰日和九月初九妈祖升天日，岛上民众都要举行各种祭典妈祖的活动，同时海内外的妈祖信徒纷纷前来进香朝拜，整个湄洲岛人山人海、盛况空前，被誉为“东方麦加”。

妈祖信仰从产生至今，经历了一千多年，作为民间信仰，它延续之久、传播之广、影响之深，都是其他民间崇拜所不曾有过的。历代皇帝的崇拜和褒封，使妈祖由民间神提升为官方的航海保护神，而且神格越来越高，传播的面越来越广。由莆邑一带走向五湖四海，达到无人不知、无神能替代的程度。

提到妈祖的显圣，始于1122年（北宋宣和四年）路允迪出使高丽，

“感神功，奏上。立庙江口祀之，（徽宗）赐顺济庙额”。其后，妈祖的加封原因皆为“神雾神济兴、泉饥”，“以神助火焚强寇”（《湄洲屿志略·卷二·封号》）。

从1156年（宋高宗绍兴二十六年）起至清朝，历代皇帝先后36次册封，封号由2字累至64字。爵位由“夫人”、“妃”、“天妃”（明永乐

年间），立庙京师，而至1648年（清康熙二十三年）封“天后”，并列入国家祀典，进行春秋祭祀。在宋、元、明、清受到的国家祀典就达36次，其最长封号“护国庇民妙灵昭应弘仁普济福佑群生诚感咸孚显神赞顺垂慈笃佑安澜利运泽覃海宇恬波宣惠导流衍庆靖洋锡祉恩周德溥卫漕保泰振武

绥疆天后之神”，后来1872年（同治十一年），要再加封时，“经礼部核议，以为封号字号过多，转不足以昭郑重，只加上‘嘉佑’二字”。因而民间对妈祖的信仰愈加固定，“海神”的地位愈加牢固。

在台湾，妈祖备受推崇，有庙900多座。甚至有传说，妈祖用裙摆挡下第二次世界大战的美军空投炸弹，也有妈祖让孩童起死回生等传说。因此，台湾有吃妈祖平安面的习俗。传说妈祖每次在海上救难后，都要给每位遇险者一碗热气腾腾、芳香扑鼻的兴化寿面，吃后不但会驱寒暖身,而且能逢凶化吉。久而久之，兴化寿面即被称为“妈祖平安面”，且闻名遐迩，成为保佑平安吉祥的首选食品。每逢亲友来访、寿诞喜庆、逢年遇节、家人团聚，都要吃“妈祖平安面”，以求吉祥如意、平安幸福。

妈祖庙遍布世界各地，而庙宇的点睛之作楹联洋洋大观，林林总总，数量多，内容广，反映了妈祖显赫崇高的人文地位。如台北松山区慈祐宫楹联：“圣母普慈衷，海邦一体；斯人皆赤子，锡口咸宁。”上联径称妈祖是天上圣母，遍施慈爱，天下同体；下联说明这里的人都有一颗纯洁的心，妈祖会赐予幸福安宁。莆田灵川东汾龙津宫楹联：“女中复见皇娲圣，海内频修神禹功。”联中把妈祖比作炼石补天的女娲和治理洪水的大禹，地位崇高，功德无量。霞浦县松山天后宫楹联：“风调雨顺，四海龙王朝圣母；国泰民安，五洲赤子拜阿婆。”上联指出天下太平，风雨适时，五谷丰登，四海龙王都来朝拜妈祖。四海龙王原是海神，统领四海，权力显赫。后来妈祖神格上升，四海龙王地位降低，反受其制。妈祖统驭四海，凌驾于四海龙王之上。

妈祖，东南沿海人民一尊永远的佛，世界华人心目中的一塑雕像。

猜谜语

猜谜语是一项人民群众喜闻乐见的活动，集益智、休闲、娱乐于一体，老少皆宜，男女都行。它源远流长。早在商代民歌中就有了谜语，到了春秋时代，就成了人们表现自己聪明才智的一种重要手段。大家荀子曾作《蚕赋》，但通篇不见一“蚕”字，就是让人去猜。

唐代无名氏著的《调玉集》一书中，就记载了一个关于谜语的故事。有一次，孔子与学生们路上遇到一女子戴着“象牙栉”，孔子颇为好奇，想拿来一看，请学生帮忙。颜回主动请缨，走至那女子前，说：“吾有徘徊之山，百草生其上，有枝而无叶，万兽集其中，故从夫人借罗网而捕之。”女子取下象牙栉交给颜回。颜回故意问道：“夫人是如何知道我要借你的象牙栉的？”女子答：“你所说徘徊之山，就是指你的头。百草生其上，有枝而无叶，是指你的头发。百兽集其中，是指你头上的虱子。借罗网而捕之，就是我的栉。这有何奇怪的呢？”颜回听罢，惊叹不已，本想露一手，可农妇一猜就知。

最初的谜语称之为“庾词”或“隐语”，你看，前面那个故事，就是说隐语。而谜语一词的出现是在三国时期。曹操就是一个谜语高手，《三国演义》中杨修之死一节中，讲到曹操当上丞相后，手下人修建花园，完工后，请曹操去看。曹操看了之后，一言不发，在门上写了一个“活”字。众人不解，面面相觑。主簿杨修说：“门中活，阔也。丞相嫌门阔了。”底下人重修园门，将其改小。曹操见之，非常高兴。

到了宋代，谜语的发展基本成熟。谜语大致分为两类：“灯谜”和“语谜”。前者是书面的，文人学士编制，语言典雅，学识渊博；而后者是“口头”的，流传于民间，老百姓喜欢，大多以日常所见的事物为对象，类似于民谣，显示了劳动人民的智慧。当然，有很多谜语是两者都可以的。平时所见的，大多为灯谜，如元宵的灯谜会就是以后一种为主。

到了明代，谜语出现了很多谜格。谜格就是谜语的格式，比较常见的谜格，就有二十多种。属于会意体的有会意法、反射法、借扣法、侧扣法、分扣法、溯源法；属于增损体的有加法、减法、加减法；属于离合体的有离底法、离面法；属于象形体的有象形法、象画法；属于谐音体的有直谐法、间谐法；属于综合体的有比较法、拟人法、拟物法、问答法、运典法，还有凤凰格、卷帘格等。

例如：脸上长钩子，头角挂扇子。四根粗柱子，一条小辫子。打一动物。这是什么？象。就是运用了会意法。

例如：桃花潭水深千尺（打一成语），谜底是：无与伦比。这则谜以“桃花潭水深千尺”的下句“不及汪伦送我情”，扣合谜底。这种方法是溯源法，就是溯源及追溯谜面的来源，以及与其原出处的上下关联，然后再扣合谜底，也叫承上启下法。

一个谜语通常由“谜面”和“谜底”两部分构成，前者是题，后者是答案。谜面大多是甲事物譬喻、映射、暗示乙事物，描写出事物的特征，以物喻人，以人喻物，以生物喻无生物，以抽象事物喻具体事物。如南阳诸葛亮，稳坐中军帐，排起八卦阵，单捉飞来将。谜底是蜘蛛，这里就是以物喻人。

一般人可能都以为猜谜难，其实出谜面更难，它能体现出一个人的聪明才智。许多较好的谜，往往是经过不断打磨、锤炼、优化的结果。

经过了两千多年的不断发展，谜语是越来越丰富，种类是日渐繁多。比如有字谜、诗谜、人名谜、数字谜、印章谜、故事迷、曲谜、画谜等等，取材广泛，上至日月星辰，下至山川湖海；大到人畜舟车，小到虾蚤荠麻；包罗万象，无不入谜。

谜语因其精炼、形象、生动，三言两语，就能抓住事物的特征，节奏明快，琅琅上口，贴切自然，意味清新，受到了广大人民群众的欢迎，特别是许多少年儿童，对事物的认识常常就是从谜语开始的，是人生当中一笔丰富的阅历。少年儿童在猜谜语的过程中，能充分感受到谜语的魅力、语言的魅力。

近年来，电视、报纸上出现了一些脑筋急转弯的游戏，现在也归类于谜语这一大类了。脑筋是指思维、思路。急转弯是指当前面有了障碍，使车不能按照直线行驶时，要往别的路线开，通常是有特殊情况的时候，需要很快的离开习惯路线，从别的路线走。脑筋急转弯就是指当思维遇到特殊的阻碍时，要很快地离开习惯的思路，从别的方面来思考问题。现在泛指一些不能用通常的思路来回答的智力问答题。这种文字游戏有个明显的特点，题面很普通，一经破解，令人大悟。比如：什么人始终不敢洗澡？——答案是泥人。这也是对谜语的一种补充。它能开发智力，丰富想象力，增强幽默感。

谜语，一朵根植在中华大地沃土上的奇葩，一定会越开越艳，其乐无穷。

斗蟋蟀

蟋蟀，又名秋虫、促织、趋织，俗称蛐蛐。我的家乡有的是，河边、草丛里，特别多，小时候，常抓来玩，但不拿来斗。

得知斗蟋蟀这项活动，还是源于中学语文课本，有一篇课文《促织》，选自蒲松龄的《聊斋志异》，说的是“宫中尚促织之戏，岁征民间”，于是百姓去捉，闹得鸡犬不宁，有的百姓是倾家荡产，甚至是家破人亡。读来令人扼腕，令人叹息。

小小的蛐蛐，竟有如此大的魅力，令人百思不得其解。后结交一朋友，附近村子的，一大能人，在上海做花鸟生意，闯荡了30年，蟋蟀也是他的业务之一，获利不少。每年除了从我们老家收购蟋蟀外，还要到山东等地去采购。谈起斗蟋蟀，他是一套套的，栩栩如生，对蟋蟀的选择、斗法等，了如指掌。他说，最好的蟋蟀主要产在山东宁津等地，每年秋季，到山东宁津等县采购蟋蟀的人，多如蚂蚁，价格自然是不同的，低的5元、10元；等级高的，几千元，甚至上万的都有。

斗蟋蟀亦称“秋兴”、“斗促织”、“斗蛐蛐”。用蟋蟀相斗取乐的娱乐活动，流行于全国多数地区。一般每年秋末举行。早在两千五百多年前的《诗经》中，就有《蟋蟀》之篇。斗蟋蟀不是赌博手段，它和钓鱼、养鸟、种花一样，是广大人民彼此交往、陶冶性情的一种文化生活，具有浓厚的东方色彩，发源于我国的长江流域和黄河流域的中下游地区。

斗蟋蟀始于唐代。《负暄录》说：“斗虫之戏，始于天宝。”盛行于宋代。南宋，是斗蟋史上著名的时代。周密的《武林旧事》一书中载：当时都城临安就有专门出售蟋蟀和蟋蟀罐的人。此时斗蟋蟀已不限于京师，也不限于贵族。市民，乃至僧尼也雅好此戏，是倾国倾城。有个叫贾似道的人，身为高官，敌人大兵压境，他不闻不问，却一心在家斗蟋蟀，留下千古骂名。

明清之时斗蟋蟀达到鼎盛。明代的宣德皇帝朱瞻基酷爱蟋蟀，闹得天下不安。清朝的那些王公贵族，在入关后，也开始嗜斗蟋蟀。每年秋季，京师就架设起宽大的棚场，开局赌博。蟋蟀相斗，要挑重量与大小差不多的，用蒸熟后特制的日葭草或马尾鬃引斗，让它们互相较量，几经交锋，败的退却，胜的张翅长鸣。北京城里顺治门外是常设的斗蟋蟀的场所，赌斗起来价值是数十金的，交易红火，自然就催生了一批养蟋蟀、斗蟋蟀的专业户。

到了民国时期，即使国家危难，但仍不乏斗家。在日伪侵占北京时期，北平庙会上都有出售蟋蟀的市场，摊贩少则几十，多则数百，人来人往，熙熙攘攘。

斗蟋蟀自然首先要养蟋蟀，养蟋蟀就要有罐，也称“盆”。一般斗罐大，养罐小。罐非常讲究，有官窑和私窑之分，官窑的以宣德窑最为珍贵，专供宫中使用的。这种罐到明代后期就视为珍宝。斗蟋蟀的玩家都喜欢寻得好罐，不过好罐确实难得。行业内有句话：好虫可得，好盆难觅。

斗蟋蟀，事先要选蟋蟀。蟋蟀有十几种，首先要求无“四病”（仰头、卷须、练牙、踢腿），外观的颜色上，也有尊卑之分，一般来说，“白不如黑，黑不如赤、赤不如黄”。而且据说经常和蜈蚣和蛇在一起的最好，必定是彪悍勇猛，敢打敢拼。

斗蟋蟀自然是有一定规矩的，一般先要称一称，根据重量来分级别，有点像拳击比赛。称好后，贴上标签，标明号数，然后才可以开斗。古时娱乐性的斗蟋蟀，通常是在陶制的或瓷制的蛐蛐罐中进行。两雄相遇，一场激战就开始了。

首先猛烈振翅鸣叫，一是给自己加油鼓劲，二是要灭灭对手的威风，然后才龇牙咧嘴地开始决斗。头顶，脚踢，卷动着长长的触须，不停地旋转身体，寻找有利位置，勇敢扑杀。几个回合之后，弱者垂头丧气，败下阵去，胜者仰头挺胸，趾高气扬，向主人邀功请赏。最善斗的当属蟋蟀科的墨蛉，民间百姓称为黑头将军。一只既能鸣又善斗的好蟋蟀，不但会成为斗蛐蛐者的荣耀，同样会成为蟋蟀国中的王者。斗赢的主人自然是欣喜若狂，要给自己的蟋蟀以各种封号，并大加礼遇。就像今天获金牌的运动员一样。

新中国成立后，斗蟋蟀一度被贴上了资产阶级文化的标签，属于旧文化，自然列入了清理范围，斗蟋蟀的活动自然偃旗息鼓，销声匿迹了。

改革开放后，人们的思想观念变得开放和包容了，玩的花样又多了，斗蟋蟀这一古老的活动，又一次东山再起，各地市场上，又到处可见蟋蟀们的身影，特别是北京、上海等地的大城市，一到秋季，蟋蟀的花鸟市场上，前来购买的，前来观看的，络绎不绝，非常红火。

斗，大概是动物乃至人类的天性，跟天斗，跟地斗，跟同类斗。斗蟋蟀，玩玩尚可，但切不可走火入魔，特别是不能赌，那是很容易玩物丧志的，甚至是家破人亡，我们每个人当谨记之。

放风筝

“儿童散学归来早，忙趁东风放纸鸢。”多么惬意、多么自在！令人向往！

我国是风筝的故乡，有着悠久的历史。据传春秋时，公输般就曾“制木鸢以窥宋营”，风筝被称为人类最早的飞行器。后来，以纸代木，所以又称纸鸢。聪明的中国人，很早就会利用风筝了！据说汉朝的大将韩信，就曾利用风筝测量高度。梁武帝时曾利用风筝传信，但未获成功。南北朝时，有人想飞起来，曾背着风筝从高处跳下，庆幸的是没有跌死。唐朝的张丕被围困时，曾利用风筝传信求救兵，取得了成功。这些说明，中国风筝的历史至少有两千多年了。从唐朝开始，风筝逐渐变成玩具。唐代中期，纸鸢就传到了日本、朝鲜等地。到了晚唐，风筝上已有用丝条或竹笛做成的响器，风吹声鸣，因而有了“风筝”的名字。也有人说“风筝”这名字起源于五代，从李邺用纸糊风筝，并在它上面装竹笛开始。

风筝看似简单，制作起来还是讲究一定的技艺的。一般是用细竹扎成骨架，再糊以纸或绢，系以长线，利用风力升入空中。传统的中国风筝技艺包括“扎、糊、绘、放”四种技艺，“扎”即要达到对称，左右吃风面积相当，又包括：选、劈、弯、削、接；“糊”即要保证全体平整，干净利落，又包括：选、裁、糊、边、校；“绘”即要做到远眺清楚、近看真实的效果，又包括：色、底、描、染、修；“放”即要依据风力调整提线角度，又包括：风、线、放、调、收。风筝的种类主要分为“硬膀”和“软翅”两类，“硬膀”风筝翅膀坚硬，吃风大，飞得高；“软翅”风筝柔软，飞不高，但飞得远。在式样上，除传统的禽、兽、虫、鱼外，近代还发展出人物风筝、八卦风筝等新样式。

风筝按形式分，一般可分为硬翅、软翅、板子、串子、立体（筒形）等几类，按地域和风格又分为潍坊、天津、南通、北京等地方特色的风筝。中国最大的风筝制造地是山东的潍坊，被人誉为“世界风筝之都”，因此，现在那里每年都要举办国际风筝节，五湖四海的宾朋，黑头发、白头发、棕头发的相聚一起，放飞风筝，切磋交流，其乐融融。据说，2005年还有举办风筝锦标赛呢。

放风筝好处多多。中国有句古话：“鸢者长寿。”意思就是说，经常放风筝的人寿命长。细细想想，倒也是。制作一只绚丽多彩、新颖别致的风筝，本身就是一种创造。当人们眺望自己的作品，摇曳万里晴空时，专注、欣慰、恬静，这种精神状态，无疑会强化高级神经活动的调节功能，促进机体组织、脏器生理功能的调整和健全。双目凝视于蓝天白云之上的飞鸢，荣辱皆忘，杂念俱无，与保健气功的作用，可谓是异曲同工，显然是符合传统医学的修身养性之道的。

在风和日丽的大自然中放风筝是最好的日光浴、空气浴。跑跑停停的肢体运动可增强心肺功能，增强新陈代谢，增强体质。此外，放风筝的群体性很强。筝友相聚，妙语连珠，破闷解难，精神愉快。“笑一笑，十年少”，也是鸢者长寿的重要因素。所以，现在在一些大城市的广场、公园里，经常能看见风筝的身影。我曾经在北京天安门广场、天坛公园等地，看见有老者玩的风筝，有几十层楼高，他们玩得游刃有余，轻松自如。

不过，看别人放得逍遥自在，自认为自己放风筝很容易，那就错了，其实，它是要讲究一定的技巧的。放风筝前，要善于观察风向和风速。可以选择一个参照物，如果附近有旗帜或炊烟，看它飘浮的方向就能知道。

或者拾起几根枯草或一些小纸片，向空中抛去，也可以测出风的正确方向。其次，在风力适足的时候，放风筝可以不必请人帮忙，自己拿风筝的提线，逆风向前，边跑边看，还要注意风筝飞升的状况，直到感觉风劲够，风筝向上爬升时，才可停下来，慢慢放线。当风力不继时，快速向后收线，给予人工的加风，如感觉风筝线有拉力时，就要把握时机放线，若风筝有下降的趋势，有时尚须迅速收回一部分风筝线，直到风筝能在天空挺住不坠。再次，如果是放大型风筝，最好有人帮忙，将风筝线拉长约十米，面向逆风，双手拇指和食指轻扶着风筝后面的骨架，拿着不动，施放者待阵风一来，将风筝轻拉脱离助手之手（不必叫助手放手），边跑边放线，直到风筝升起至相当高度时，前后轻抖，使风筝稳定。有很多施放者通常都会叫助手放手，助手还将风筝持着不放或向上掷出，有时施放者也不顾前后问题向前奔跑，这些都是错误的施放方法。

等风筝飞翔稳定后，可把风筝系在树干或物体上，任其飘浮，而在风向及风力不稳定的情况下，则必须随手操纵，当风力突然转强，风筝摇摆而倾斜度过大时，将有翻转栽落的危险，这时有两种控制方法：一是迅速放线。二是迅速往风筝方向，向前奔跑数步，均可缓和其势，有时风力停顿，风筝向下坠落，将风筝轻抖数下或迅速向后奔跑，如果后退无路，则可用迅速收线的方法处理。收风筝时，要慢慢收线，收线要尽量远离有高大树木的地方，以免风筝坠落挂在树上。

这样看来，放风筝真是一项益智、休闲、健身的有意义的活动，值得一玩。

扭秧歌

秧歌之印象，源于战争电影，如《啊，摇篮》、《保卫延安》，纵然是烽火岁月，但陕北根据地军民在紧张的打仗、生产间隙，热情不减，扭起秧歌，敲起锣鼓，喜气洋洋，热火朝天，场面壮观。

好的艺术往往都是源于生活。据考证：最初的秧歌就起源于插秧、耕田的劳动生活，它又和古代祭祀农神祈求丰收，祈福禳灾时所唱的颂歌、禳歌有关，在发展过程中不断吸收农歌、菱歌、民间武术、杂技以及戏曲的技艺与形式，从而由一般的演唱秧歌，进而发展成为民间歌舞，至清代，“秧歌”已在全国各地广泛流传。

秧歌主要流行于我国北方的汉族地区，一般是农历正月十五元宵节时，在广场上公开表演，集歌、舞、戏为一体的综合艺术形式。它在色彩的运用上，体现了鲜明的民族风格。扭秧歌时人们所穿的服装色彩对比强烈，红蓝黄绿，五彩缤纷。大家在锣鼓的伴奏声中，边歌边舞，以此抒发愉悦的心情，表达对美好生活的憧憬。飘舞的红绸映着灿烂的笑脸，成为一道亮丽的风景线。

在陕西、河北、河南、山东等地，秧歌又叫“阳歌”。有人认为，因秧歌起于凤阳，故又名“阳歌”。

为示区别，人们常把某地区或形式特征冠于前面。如“鼓子秧歌”

（山东）、“军庄秧歌”（河南）、“陕北秧歌、“地秧歌”（河北、北京、辽宁）、“满族秧歌”、高跷秧歌”等；而南方的“花鼓灯”、“花灯”、“采茶歌”以及广东与香港流行的“英歌”，其名称虽异，但都属于“秧歌”这一类型，是从“秧歌”中派生出来的形式。

秧歌的主要特征是：一般呈舞队的形式，且行且歌且舞；多数舞队要挨门演出，保留着从沿门逐渐向沿门卖艺、乞讨发展的痕迹；舞队中角色的名称和人数多少不尽相同，但总有官员、武生、老人、和尚、妇女等（大体相当于戏曲中的生、旦、净、丑），总演出青年男女互相调笑的内容，男青年称“沙公子”或“傻公子”；一般有童子化妆、女扮男装的情况；舞队中有领队、殿后之分，领队者往往反穿皮袄，手持伞灯，是北方少数民族的装扮，有时称他为“卖膏药者”；有时官员（参军）也为少数民族装束；有的舞者手持两根短木棒；演出时锣鼓齐鸣，而以鼓较为重要。

以前农村秧歌又扭又唱，又叫唱秧歌；农村秧歌游屯串村，又叫“跑秧歌”；城镇秧歌光扭不唱，又叫“扭秧歌”。

一开始秧歌队全是男的，二人一小组，一个“上装”（扮女的，又叫“包头的”），一个“下装”（扮男的，又叫“斗丑的”），叫做“一副架”。四人一大组（两副架），叫“一棒鼓”。在秧歌队中“头棒鼓”、“二棒鼓”、“三棒鼓”……排列有序，每人都有固定的位置。“头棒鼓”是全队扭唱技艺最高的，“二棒鼓”次之，“三棒鼓”更次之。秧歌队的领头带队的戴文生巾，披斗篷，持折扇，只他一人没有“上装”搭配，故称“傻公子”，又叫“拉衫的”。秧歌队的排尾叫“老坐子”，也是一副架：“上装”是一个扮相刁泼的老太太，手拿两根棒棰，耳戴红辣椒；“下装”是一个扮相滑稽的老头，驼背，拄拐杖。秧歌队中也有扮故事中人物的，如青蛇、白蛇、猪八戒、孙悟空等。秧歌队大的六七十人，小的二三十人。

时代在发展，艺术在创新。新中国成立后的秧歌淘汰了“傻公子”、“老坐子”、“一副架”和“一棒鼓”，淘汰了男扮女装，男的扮男的，女的扮女的，无论城乡都是只扭不唱。唯有“军庄秧歌”（河南）还是以扭、跑、唱于一身的圈套秧歌。

全国各地都有秧歌，东北的秧歌独具特色。它形式诙谐，风格独特，广袤的黑土地赋予它淳朴而豪放的灵性和风情，融泼辣、幽默、文静、稳重于一体，将东北人民热情质朴、刚柔并济的性格特征挥洒得淋漓尽致。稳中浪、浪中梗、梗中翘，踩在板上，扭在腰上，是东北秧歌的最大特点。同时，花样繁多的“手中花”，节奏明快富有弹性的鼓点，哏、俏、幽、稳、美的韵律，都是东北秧歌的特色。

每逢重大节日，人们就会自发地组织秧歌表演和比赛。秧歌队的服装色彩丰富艳丽，多以戏剧服装为主。从装束上即可判断人物角色，有《西游记》中的唐僧、孙悟空、猪八戒和沙僧，《白蛇传》中的白娘子、许仙，还有包拯、陈世美、秦香莲等，纷纷伴着锣、鼓、镲、唢呐奏出的热烈而欢快、谐趣而颠浪的曲调轻快上路。各种舞蹈中尤以踩高跷、舞龙、舞狮、跑旱船最为著名，这些舞蹈生动活泼，技巧高，造型美，深受群众喜爱。

国家非常重视非物质文化遗产的保护，2006年5月20日，秧歌经国务院批准列入第一批国家级非物质文化遗产名录，2007年6月8日，山西省太谷县秧歌剧团和朔州市大秧歌剧团获得国家文化部颁布的首届文化遗产日重点保护传承单位。

踢毽子

踢毽子似乎是女孩的特长。小学时候，课间十分钟，男孩子喜欢追逐疯跑，而女孩子钟情踢毽子，聚在一角，围成一圈，那五彩缤纷的鸡毛毽子，随着那些小女孩或左脚，或右脚，一起一落，节奏感十足。伴随着每一次抬脚，胳膊也是有节奏地一摇一摆。清脆的童音，“1、2、3、4……”的数数声中，在空中快乐地飞舞，不停地旋转，让人眼花缭乱，那些女孩的踢毽的姿态，显得格外矫健和优美，喝彩声一浪高过一浪，连教室旁的树叶都震得摇摇欲坠。

踢毽子的花样很多。有一只脚踢，还有两只脚互换着踢；除了向前踢，还可左右侧着踢；更有跳起来一只脚穿过另一只脚踢。花样越多的人，自然就是最受崇拜的人。

乡村孩子的毽子，往往都是就地取材。最普通的是，在田地里随便摘下一把蚕豆苗，梳理整齐，将它紧紧地扎成一团。因为蚕豆苗叶片比较宽大肥厚，叶形椭圆，做毽子稳定性好。于是，到蚕豆苗长得正盛的时候，随便可见的是，女孩子的兜里、篮里，都有一把青青的毽子。随时随地，都可以掏出来娱乐、比试一番。但是由于是青叶，不经踢。还有把纸剪成一条一条的，用皮筋扎起来，成一团，轻飘飘的。

比较好的毽子，一般是用公鸡的尾羽做的。所以，每逢亲朋好友杀鸡，那些女孩都会守候在一旁，争抢那些鸡毛。要挑选那些颜色亮丽、形状完美、毛端比较尖利的羽毛，然后用软布条儿紧紧地绑扎起来，穿过一颗铜钱的方孔，再用结实的绳线固定好，一个漂亮的毽子就做好了。毽子做得好，踢起来既高，稳定性又好，毽子的主人会很得意；做得不好的，毽子就会老跑，主人常常垂头丧气。

根据史料记载和出土文物证明，毽子起源于中国汉代；唐宋时期开始盛行，在民间流传极广，集市上还出现了专门制作出售毽子的店铺；明代开始有了正式的踢毽比赛；清代达到鼎盛时期，在毽子的制作工艺和踢法技术上，都达到空前的程度。

清代踢毽的技艺已相当高，为当时女子所喜爱。清初著名词人陈维崧曾赞美女子踢毽，说女子踢毽比踢足球还巧妙，比下棋还有趣味。

20世纪30年代后，踢毽运动曾一度衰落。新中国成立后，大力扶植发展这一传统运动项目。1950年，北京市吸收街头踢毽艺人参加杂技团，专设踢毽子节目，并出国进行表演，受到了国外观众的热烈欢迎；1956年，中国第一次正式的踢毽比赛在广州举行；1963年，踢毽子同跳绳等一起，被列入国家提倡开展的体育活动，并被编入了小学体育教材加以推广；1984年，国家体委正式将踢毽子列为全国比赛项目，并颁布了《毽球竞赛规则》，改称踢毽为“毽球”；1987年中国毽球协会成立，此后每年都举办全国毽球锦标赛、全国职工毽球赛、全国中学生毽球赛三大赛事；在1995年的全国民族运动会和1996年的全国农民运动会上，毽球也被列为比赛项目。目前，毽球运动已成为在全国普遍开展的热门项目。

最新的踢毽子竞赛方法是于2009年5月发明的“中国竞技毽”。其观赏性、普适性和竞赛性都要明显高于老式的毽球比赛。在中国民间广泛流传的踢毽子的最具竞赛性的玩法是“对踢”或叫“对打”，这种踢法是踢毽运动中距奥运精神“更高更快更强”最近的一种动作，因而受到中国年轻人的普遍喜爱。

对踢要求对阵的双方，以距地面较低的高度（中间最高点约为90～120厘米），向对方脚下大力踢毽，高手之间的对踢高度甚至低达20

厘米。这种“低平毽”的踢法，非常接近足球射门动作，所以被中国竞技毽吸收，作为极具观赏性和技术性的比赛样式。由此可以看出，中国竞技毽是对传统踢毽运动的一项突破性创新，将使踢毽运动的发展，令人耳目一新，成为在全球广为流传的运动竞赛形式。

毽子制作的种类繁多，除沿用古代的办法以外，一般来说有四种。其一，用橡胶制作毽座，含毽底和毛筒一次成型，在毛筒上套金属片和塑料片，在毛筒中插上鹅毛或其他禽类羽毛制作的。现代工业化生产的羽毛毽，大致可分为大毽、中毽、花毽和毽球毽。其二，用金属片为底，以纸剪成各种花色缨的手工制作的纸毽。其三，以各色布条为缨，以大组扣为底做的手工布毽。其四，以塑料做成的各色装饰性毽子。

羽毛毽一般是由底座加鹅毛，或其他禽类羽毛，加垫片制成。在日常的各种踢毽活动中，所使用的毽子，按照外观尺寸来区分，可以大致分为大毽、中毽、花毽和毽球毽。大毽是供一般初学者和平时娱乐所用的。中毽的使用范围最广，既可用于娱乐，也可用于比赛。在中国竞技毽的各单项比赛中只使用中毽，而不使用其他尺寸的毽子。花毽的装饰性最强，使用的羽毛品种繁多，包括鹅毛、鸡毛、鸵鸟毛等等。毽球毽飞行速度最快，其羽毛短小、高度很低，一般使用鹅毛制作，只在毽球比赛中使用。

玩陀螺

中国是陀螺的老家。从我国山西夏县新石器时代的遗址中，就发掘出了石制的陀螺。可见，陀螺在我国最少有四五千年的历史，北宋时期开始流行，南北各地皆有。

玩陀螺，我们家乡称之为“打鞭螺”，我觉得“打鞭螺”三个字极形象，陀螺不用鞭去打，是不会转动的，当然，这打是有技巧的。它是一项展示个性风采的活动。陀螺要经常打，越打越有劲，不打，就会荒疏，所以，我们当地有一个俗语：鞭螺鞭螺，三天不打就难过。

阳光明媚的日子，呼朋唤友，寻一平地，晒场上、石板路上皆可。挥舞起那长长的鞭子，上面打个红结，抽打起陀螺来，比比谁的陀螺，旋的时间长。陀螺在地上飞旋，我们的心、我们的笑声，就在空中飞旋，喝彩声、加油声、蹦跳声，响成一片，多么带劲！

其实，想拥有一只与众不同的陀螺，能够在伙伴面前抖抖威风，并非易事。

首先，做陀螺的材料有讲究，要选择木质坚硬的，其主体必须要经得起不停地抽，其锥尖要能耐磨，最好嵌个钢珠，不然转不了几下，就转秃了，不能再转了，那会丢人现眼。

其次，陀螺的大小要适中，太大了，抽起来费劲；太小了，又经不起一抽，弄不好，一鞭抽过去，就被抽得飞了起来。

第三，鞭子要粗细长短适中。鞭粗了，陀螺受不了不说，更主要的是，抽不出鞭的那种清脆悦耳、嗖嗖作响的声音来；鞭细了，容易抽断；鞭太短了，缠在陀螺上的圈少了，则在发陀螺时，显得动力不足。鞭没必要太长，能把陀螺缠上三四个圈即可。

陀螺一般最好是自己设计自己制作，请人做就神气不起来了。我家邻居长寿哥哥是做陀螺的高手，是龙头，我们的陀螺大多是盗他的版，因此，也就跟他的那个正版的陀螺，差不了多少。长寿哥的脑子活，他做的陀螺，总是要比别人的陀螺耐磨又转的时间长，这是为什么呢?

仔细观察，这里是有奥秘的。原来他在陀螺的锥尖都会嵌上一粒钢珠，这个秘密后来被人发现了，大家都到镇上的自行车修理店去捡，捡过来，可有的人就是克隆不出来。原因在于关键性的技术不能突破，手法没有到位，那钢珠嵌上去似乎挺容易的，但固定下来长久旋转，却挺难的，

弄不好的，没转上两圈，那钢珠就簌簌地掉下来了，气煞人也。

玩陀螺得选个好场地。一是场地要宽敞，二是地面要平整。场地小了，玩不开，搞不好，你抽到我，我抽到你，所以要选空旷的地方；地面坑坑洼洼的，陀螺就玩不转，或转不长久。农村的堂屋与禾场，往往是最理想的玩陀螺的场所，也是农村娃仔充分展示自己的各种玩技的大舞台。

玩陀螺时，跟别人比陀螺的漂亮与否是次要的，最主要的是，比陀螺旋转时间的长短。一只优秀的陀螺，轻轻地抽它几鞭后，就可以转上一二十分钟，你就尽可以在一旁与人神侃瞎吹，你甚至完全可以放心地到附近的天井去撒泡尿回来，它还照样在坚硬得如水泥地一样的土青地上一个劲地转着，就像那叮在留声机唱片上的唱针一样，正奏着铿锵的小曲儿呢，看着这样的陀螺，简直是一种享受。还有的，为好看，在陀螺上涂有各种花纹和色彩，赤、橙、黄、绿、青、蓝、紫都有，一旦陀螺飞旋起来，就像是七色阳光在闪烁，在旋转，让人眼花缭乱，目不暇接。

陀螺种类繁多，但大多大同小异，大的陀螺，直径有十几二十厘米的，那需要几个人一起抽。玩过最小的一种，叫“捻捻转”，就是用一张硬纸片，中间插一火柴棍。陀螺的稳定性好不好，跟陀螺的高度有关，一般陀螺高度不能超过3厘米，具有一定的物理学原理。

据说，还有一种民间的玩具也是由陀螺发展演变而来的，那就是“空竹”，又叫“抽绳转”、“闷葫芦”、“地铃”，源于古代的地轴。而地轴在古时就为陀螺的一种。

当然，再优秀的陀螺，转上一阵子以后，也有懈怠的时候，可是只要你及时地鞭策它几下，它就又会很快地振作起来。我们的人生有时就很像陀螺，多数人的人生，学习、工作也罢，时间久了，就容易满足，产生倦怠，不求进取，贪图享乐，厌了、烦了，似乎把人生看透了，不过如此，失去了目标，缺乏了内在的动力，就觉得无聊、没意思，所以人就像陀螺，需要不断注入激情，不断地被鞭打，批评、鼓励，甚至是处分，只有这样，我们每个人的陀螺人生，才会变得充实，变得生动。

看来玩陀螺，看似简单，其实里面还包含不少哲理呢。

皮影戏

皮影戏，旧称“影子戏”或“灯影戏”，是利用灯光照射在兽皮或纸板上，做成人物剪影，来表演故事的民间戏剧。

这门古老的艺术，在缺少娱乐的年代里，曾经陪伴着我们的先人们，度过了无数美好而欢乐的时光，他们的心中该有一个个美好的回忆吧。皮影本身，它不仅仅属于一种傀儡艺术，更是一种地道的工艺品。它是用驴、马、骡皮，经过选料、雕刻、上色、缝缀、涂漆等几道工序做成的。皮影制作考究，工艺精湛，表演起来自然生趣盎然，活灵活现。受到外在的环境，以及兽皮材料质地上的差异等因素影响，皮影戏偶的造型风格，各地独具风味。

皮影戏最早诞生在距今两千多年前的西汉，又称羊皮戏。最初发源于中国的陕西华县，极盛于清代的河北、山东、山西等地。

皮影戏的渊源跟一个女人、一个爱情故事有关，据说，东汉时期，汉武帝的爱妃李夫人不幸染疾故去，武帝非常悲伤，思念心切，神情恍惚，竟终日不理朝政，群臣非常着急，想寻良方。一日，大臣李少翁出门，恰好路遇孩童手拿布娃娃在玩耍，影子倒映在地上，栩栩如生。这让李少翁颇受启发，心中一动，回去用棉帛裁成李夫人的影像，涂上色彩，并在手脚处装上木杆。入夜围成方帷，张灯烛，恭请皇帝端坐帐中观看，果然李夫人的形貌在帐中出现了，其情其景如旧。武帝看罢，是龙颜大悦，作诗叹曰：“是耶非耶，立而望之，翩何姗姗来迟。”意思是说：我站着望着你姗姗来迟，这究竟是不是你呢！就此武帝对皮影是爱不释手，夜夜观看。

皮影的制作过程的基本步骤是：刮皮、浆皮、描样、雕镂和着色。制作过程可由刮、磨、洗、刻、着色等共二十四道工序，手工雕刻约3000刀。大致制作情况是：先将羊皮、驴皮或其他兽皮的毛、血去净，然后经药物处理，使皮革变薄，呈半透明，涂上桐油，然后把皮革镂刻成所需的人物形象。皮人的头、四肢、躯干等各自独立，而又用线连成一体，分别以连杠让演员操纵，令其活动。皮人涂有各种颜色，表达人物的善恶美丑。雕刻时，一般都用阳刻，有也用阴刻，雕工细致，刀法多变。绘画染色也有一定的讲究，女性发饰及衣饰多以花、草、云、凤等纹样为图案，男性则多用龙、虎、水、云等纹样为图案。一般忠良人物为五分面，反面人物为七分面。人物造型与戏剧人物一样，生旦净末丑的角色，是一应齐

全。皮影的造形制作，主要汲取了中国汉代的帛画、画像石和唐代的壁画等的艺术手法和风格，再配以镂空的线雕花纹。镂空线雕花纹不单给予优美的造型外观，而且避免了表演时出现大片黑影。

制成的皮影高的达55厘米，低的仅有10厘米左右。演员在半透明的白布后，贴近幕布熟练地操纵皮人活动，并有说唱、乐队伴之，有声有色地表演剧情故事。文戏细腻儒雅，武戏火爆热烈，尤其表演民间神话故事、武打片、古人，可以腾云驾雾，做出各种高难动作，变幻莫测，这是其他的戏剧难以做到的，因此深爱观众喜爱，尤其是儿童百看不厌。

皮影的演出形式简单灵活，往往只需一个皮箱，就包括了舞台、演员、道具、乐器和剧本。皮影下乡，往往只需挑着一副扁担即可。表演时，由一两个艺人在白色幕布的后面，操纵小皮人，另外的艺人则用当地流行的曲调唱述故事，同时配以打击乐器和弦乐，有浓厚的乡土气息。舞台是镜框式的木架，用纸和绢做幕，两旁用蓝色布幔围上。艺人们在布幔后是又玩又唱，忙得不亦乐乎！让无数的观众如痴如醉。

皮影戏在宋代时开始在城市普及，文字记载便多起来了。北宋作家张耒在《明道杂志》书中有载："京师有富家子……如看影戏，每弄至斩关羽，辄为之泣下。"《东京梦华录》、《武林旧事》中，都记载了开封及临安元宵之夜演皮影戏的盛况。

到了明清时期，皮影戏风行全国，上至达官贵人，下至田野樵夫，都津津乐道，乐此不疲。或许是因为火，清初白莲教在宣传反清斗争中，把皮影戏当做了一种宣传手段，宣讲教义，寓教于乐。这下惹恼了清政府，于是五次诏令全国，不准演皮影戏，逮捕皮影演出人，一时风声鹤唳。可人世间的事，愈是不准，它愈是红火，乡间更是风行。风潮过去，逢年过节、喜庆丰收、祈福拜神、嫁娶宴客、添丁祝寿，都少不了搭台唱影。连本戏（连续剧）要通宵达旦或连演十天半月不止，一个庙会可出现几个影班搭台对擂唱影，热闹非凡，其盛状可想而知。可谓"野火烧不尽，春风吹又生"。

由于皮影戏在我国流传地域广阔，在不同区域的长期演化过程中，其音乐唱腔的风格与韵律都吸收了各自地方戏曲、曲艺、民歌小调、音乐体系的精华，从而形成了溢彩纷呈的众多流派。在秦、晋、豫一带的各路皮影流派中，有弦板腔、阿宫腔、碗碗腔、老腔、秦腔、南北道情、安康越调、商路道情、吹腔等十多种，曲牌甚多。演唱时，还常用和声接腔、帮腔和鼻哼余韵的唱法，拖腔婉转悠扬，非常动听。

民国时期，皮影演出也是红红火火的，但自从日军入侵后，加之社会动荡和连年战乱，民不聊生，致使盛极一时的皮影行业万户凋零，一蹶不振。

新中国成立后，全国各地残存的皮影戏班、艺人又重新开始活跃，在乡间演出。1955年起，党和政府先后组织了全国和省、市级的皮影戏汇演，并屡次派团出国访问演出，进行文化艺术交流，颇有成果。但到“文革”时，皮影艺术再次遭“破四旧”的噩运，元气大伤。

改革开放后，皮影艺术重新受到了重视，一批艺术老人重返舞台，活跃了新时期的文艺生活，在一些旅游景区内，又能看到了这种艺术演出，同时，又成为对外艺术交往的交流节目，受到了世界各国友人的青睐，不少精品如《桃花源记》等在国际大赛中屡屡获奖。今天，各地把皮影已作为一种非遗文化遗产来申报，加以保护。

皮影，这朵盛开在乡间的艺术奇葩，定能绽放出别样的风采，展现出中华传统艺术的独特魅力。

印　章

印象中，拥有印章是挺光荣的。小时候，生产队里，打粮食、过年分猪肉、分柴火等，会计不认我们小孩，却只认父母的印章，印章一戳，一切搞定。邮递员送来外地亲友寄来的包裹，也必须要盖个“戳”。那时，只有大人才会有印章。大人们对自己的印章，都珍藏得好好的，锁在抽屉里或箱里。有的老人是用布袋、塑料袋，左三层、右三层地，层层包裹着。印章是相当于签字画押，是一份承诺与信任。

看公家的布告，是真是假，最后往往要看是否有公章，哪一级的公章。有公章，级别愈高，说明这事越重要。握有公章的人，往往都是有权有势的人，很是吃香，小酒是天天喝。而且听说，乱刻公章是犯法的事。

据说，这印章还真是咱中国的特色。外国人什么事，大多是签名，而我们习惯用印章。

印章是中华民族传统文化的一朵奇葩。2008年，北京举办奥运会，其中的徽章，就是采用了中国印，运动员奋力奔跑之势，灵动飞扬，大气磅礴，中国味十足。

印章的产生，最初源于制陶，中国陶器产生于新石器时代早期，距今有八千多年历史，而最原始的制陶即模制法，就是在模子里，置竹篮条或绳子，接着用泥涂在模子里，待半干后取出，陶坯的表面就留下清晰的篮或绳的印纹。受如此印纹的启示，先民们后来直接在陶拍上刻纹饰。陶拍原先是以拍打方式，弥合泥坯裂缝的简单工具，其上雕纹饰之后，成为我国装饰图案和印章艺术的渊源。

印章起源的原因，有两种说法。一种说法认为：由于政治上的凭信作用。西周时，天子与诸侯是以氏族血统为纽带的宗法关系，各国下设的官吏亦如此，所以不需政治上的表征信物。东周以后，社会关系变化，宗法关系逐渐解体，旧贵族逐渐没落，新贵族逐渐兴起。新贵族并非因为与国君的血统关系而是以功绩得官。而且，春秋后的官职不像西周可以世袭，而是可以随时升黜的。因此，就以印章来作为凭信。当时，军事上用虎符（小虎形器物，中分为二，上镌铭文，以吻合为信），政治上用玺印作为信物。以后，才逐步地从政治转移到经济上，从官场转移到民间的。

另一种说法：印章是先用于经济，然后才转移到政治上。《周礼》是有关西周社会情况的文献。《周礼》上曾经三次讲到玺和节。玺，又称古玺，是有关印章众多名称中最早的一个。节，在古文篆作是竹节的象形。据说，古代约事，有时双方以一段竹节中剖分执以为凭信。所以，“节”也是印章的名称之一。《周礼》中有“凡通货贿，以玺节出入之”；掌节条下有“货贿用玺节”；秋官，职金条下有“辨其物之美恶与其数量，楬而玺之”。《周礼》有关玺印的三条均与货物有关，可知主要用于经济上。又据刘熙《释名》：“玺，徙也，封物使可转徙而不可发也。”从今日见到的许多封泥，可知先用于经济上是比较合理的。

秦代以前，无论官吏的印章，还是民间私人印章，一概称为“玺”。秦始皇统一中国后，规定“玺”的称呼，为天子专用，官吏和百姓只能称“印”。汉代除了皇帝外，诸侯王等的印章也称“玺”，但在官印和私印中，也出现了“章”、“印章”、“印信”等名称。

唐代至清代，历代皇帝沿用“玺”的名称不变，诸侯王有称“宝”的，在官印和私印里，又产生了“记”、“朱记”、“关防”、“图章”等名称，直到今天，人们对“印章”的称呼，还有各自不同的习惯。

印章作为信物的特性，古今基本未变。但唐宋以后不断出现的闲章，可以说明印章有逐步向艺术欣赏转化的趋势。

刻印是一种书法和雕刻融合的传统艺术，因为采用的文字大多都是篆书，所以也称为篆刻。在著名文人中，首先对篆刻艺术大加倡导的，是宋末元初的赵孟頫（1254—1322），同时他也是最先采用青田灯光冻石刻印的名家。明清时代印人群起，在几代印人的共同努力下，印章的审美价值越来越突出，从清代起，印章已经上升成为与书画并列的独立艺术品。

方寸间灵动之文字，朱白之相宜，纵横之章法，淋漓尽致间，展现出耐人玩味的古雅逸趣，回味隽永，这就是中国印。中国印虽无书法之挥洒自如，少绘画之色彩明暗，却另有一种古朴和浑厚情致，其间，更是蕴含着中国人特有的审美情趣和丰富哲理。

艺术大师丰子恺曾说过，篆刻艺术是“经营于方寸之内，而赏鉴乎毫发之细，审其疏密，辨其妍媸”。所以“书画同源，而书实深于画，金石又深于书”。因此，“非有精微之艺术修养，不足与语也”。欣赏中国印章可从两个方面，一为中国印的艺术美，二为中国印的材质美，前者为主。

通常，印艺之美则可分化成四个部分：印文、印款、印谱以及印饰。

鉴赏印文，要把握艺术表现手法的特征，如书法、章法、刀法，再要体会印文内容中蕴含的情趣、意味，综合起来细细品鉴、慢慢欣赏。

印文章法就是字与字、行与行之间的位置安排和整体布局的方法。符合情理的章法能给人以高品位的享受，不合情理的章法明眼人一看就知道底蕴不足甚至是冒牌货。章法的基本要求是平衡、老实、大方、端正，汉印章法大多根基于此，进一步要求自然生动、别饶情趣，这样才可供协商、玩味。

古人凿铜刻玉，力艰功深，其过程较为复杂。佳石极宜受力，一如良纸之受笔墨，铁笔所行之处，石屑纷披，呈现出天然崩裂的效果，留下的线条痕迹具有古拙苍劲的金石气息。刀法大致可分为两种：冲刀和切刀。冲刀行进爽快，一泻千里，很像书法中一拓直下的笔法，能表现出雄健淋漓的气势；切刀则行进较慢，用短程碎刀连续切成，一步一个脚印，犹如书法中的涩笔，能表现出遒劲凝炼、厚实稳健的气象。有时两种刀法结合起来使用，效果更佳。

我们知道，历代许多文学家、诗人、书画家都对印章情有独钟，许多印人同时也兼工诗书画，他们常常取用一些典故成语、诗词佳句或者俚俗语言作为闲章内容，往往能出奇制胜，饶有情趣和意味。当我们鉴赏到这类语句时，也会觉得分外地有滋有味、兴趣盎然。

边款，就是铭刻在印章面或周面的姓名、年月等文字记录。按照钟鼎等铭文的称法，“款是阴字凹入者，识是阳字挺出者”，但是在印章领域，不论阴阳，通常统称为边款或款识，很少有把印章阳文款识称为“边识”的。

上古印章极少署款，文彭以双刀行书款开了风气，此后的印家各显身手，使印章边款迅速上升为印章艺术的重要组成部分，起到了像绘画题跋一样的作用。在款识的刻制上，也同样显示出印家们精彩的刀法和高超美妙的书法境界，值得我们细加品鉴和赏析。

印章款识可作书法碑帖艺术品来鉴赏外，有些款识还具有很高的文学性。它可以或记事或抒情，或谈艺或品味，读之令人神往，发思古之幽情。所谓“方寸之间，气象万千”，不单是指印文，而且也适合款识，两者都具有金铸玉琢的微妙感觉，同样引人入胜，唤起我们不尽的联想，带给我们无穷的意味。小小印章里面，故事多，值得玩味。

茶　道

柴米油盐酱醋茶，茶，生活之不可或缺。我生在茶乡，却不懂茶道；平日，喝茶没有什么讲究，普通绿茶即可，普通茶杯就行。渴了，咕咚咕咚，灌一气，谓之“牛饮”。有点像老舍《骆驼祥子》中祥子喝茶一般。

前两年，去一朋友家串门，朋友乃成功人士，喜欢喝茶，他要款待我，把我引进雅室，让我长见识，他说，喝茶要喝点情趣，来番茶艺表演。茶具高档，宜兴壶、宜兴茶杯；茶叶，上等的碧螺春；水是从山里打来的泉水，那泡茶的工艺，一道道的，看上去赏心悦目。坐在那书香、茶香四溢的书房内，慢慢品茶，确实是人生的一种享受。

后来，又看过几次企业举办的茶道表演，窗明几净的大厅中，几位妙龄女子，身着蓝底白花的服装，束一锥形云髻，笑语浅浅，纤指飞舞，沏茶、闻茶、煞有介事，茶汤袅袅，清香扑鼻。程序有些繁琐，但确实给人以美感。看来，茶道大多是上流社会、文人雅士们消受的，离普通百姓还是有些远的，得有钱加有闲。

其实，茶道是一种艺术。以茶为媒的生活礼仪，是修身养性的一种方式，它通过沏茶、赏茶、闻茶、饮茶，增进友谊，美心修德。学习礼法，是很有益的一种和美仪式。

喝茶能静心、静神，有助于陶冶情操、去除杂念，这与提倡“清静、恬澹”的东方哲学思想是不谋而合的，也符合佛道儒的“内省修行”思想。茶道精神乃是茶文化的核心，茶文化的灵魂。

茶道最早源于中国。至少在唐或唐以前，就在世界上首先将茶饮作为一种修身养性之道，唐朝的《封氏闻见记》中就有这样的记载：“茶道大行，王公朝士无不饮者。”这是现存文献中对茶道的最早记载。在唐朝寺院僧众念经坐禅，皆以茶为饮，清心养神。当时社会上茶宴很流行，宾主在以茶代酒、文明高雅的社交活动中，品茗赏景，各抒胸襟。唐吕温在《三月三茶宴序》中，对茶宴的优雅气氛和品茶的美妙韵味，就作了非常生动的描绘。在唐宋年间人们对饮茶的环境、礼节、操作方式等饮茶仪程都已很讲究，有了一些约定俗称的规矩和仪式，茶宴已有宫廷茶宴、寺院茶宴、文人茶宴之分，对茶饮在修身养性中，所起的作用有了相当深刻的认识。

史载，宋徽宗赵佶就是一个茶饮的爱好者，他认为茶的芬芳品味，能使人闲和宁静、趣味无穷：“至若茶之为物，擅瓯闽之秀气，钟山川之灵禀，祛襟涤滞，致清导和，则非庸人孺子可得知矣。中澹闲洁，韵高致静……”

茶道是要遵循一定的法则。唐代为克服九难，即造、别、器、火、水、炙、末、煮、饮。宋代为三点与三不点品茶，“三点”为新茶、甘泉、洁器为一，天气好为一，风流儒雅、气味相投的佳客为一；反之，是为“三不点”。明代为十三宜与七禁忌。“十三宜”为一无事、二佳客、三独坐、四咏诗、五挥翰、六徜徉、七睡起、八宿醒、九清供、十精舍、十一会心、十二鉴赏、十三文僮；“七禁忌”为一不如法、二恶具、三主客不韵、四冠裳苛礼、五荤肴杂味、六忙冗、七壁间案头多恶趣。

中国茶道吸收了儒、佛、道三家的思想精华。佛教强调“禅茶一味”以茶助禅，以茶礼佛，在从茶中体味苦寂的同时，也在茶道中注入佛理禅机，这对茶人以茶道为修身养性的途径，借以达到明心见性的目的有好处。而道家的学说则为茶人的茶道注入了“天人和一 ”的哲学思想，树立了茶道的灵魂。同时，还提供了崇尚自然，崇尚朴素，崇尚美学的理念和重生、贵生、养生的思想。

虽然中国提出茶道最早，但这方面的实践不够，一衣带水的日本在这方面走在我们前面。南宋末期（公元1259年），日本有个叫南浦昭明的禅师，就来到浙江余杭的经山寺求学取经，学习了该寺院的茶宴仪程，进而首次将中国的茶道引进日本，成为中国茶道在日本的最早传播者。日本《类聚名物考》对此有明确记载："茶道之起，在正元中筑前崇福寺开山南浦昭明由宋传入。"日本《本朝高僧传》也有"南浦昭明由宋归国，把茶台子、茶道具一式带到崇福寺"的记述。

日本丰臣秀吉时代（公元1536—1598年，相当于我国明朝中后期），千利休成为日本茶道的高僧后，高高地举起了"茶道"这面旗帜，并总结出茶道四规："和、敬、清、寂"，显然这个基本理论是受到了中国茶道精髓的影响而形成的，其主要的仪程、框架规范仍源于中国。

茶道是把茶视为汲天地万物之精华的一种珍贵、高尚的饮料，追求一种崇高的精神享受。茶道包括了茶艺、茶德、茶礼、茶理、茶情、茶学说等义理的，而其核心乃是一个"和"字。

茶艺与茶道是有区别的。茶艺与茶道相互融合，其中茶艺是基础，是必要条件。茶道是以茶艺为载体，依存于茶艺。茶艺的重点是"艺"，而茶道的重点是"道"。

现代社会的发展，随着人们生活水平的提高，休闲时间越来越多，人类的审美情趣也是与日俱增。茶艺、茶道，自然也慢慢地受到了人们的青睐。看来，随着社会的发展，茶道也会借力，越来越红火。实际上也是如此，君不见现在许多旅游城市，这茶院、茶阁、茶馆，是风生水起，雨后春笋。若常邀几个好友，吟吟诗，喝喝酒，品品茶，领悟这茶道的精髓和美妙，那该有多好呀，人生不枉一场！

中国人的名、字、号

影片《开国大典》里一个细节颇有趣：米高扬奉斯大林之命到西柏坡晤中共领导人。一见毛泽东，就问那个毛润芝在哪里，是不是被清洗了。毛泽东告诉他，毛润芝就是我。米高扬被说得愣住了，他哪知道中国人的名、字、号之复杂。几天前，一位80后的朋友就问我岳武穆是谁。话又得说回来，当下，又有几人知道朱元晦就是朱熹、贺知章号“四明狂客”呢？

《水浒传》里武松，敢作敢为，说话掷地有声：我行不更名，坐不改姓，都头武松的便是！姓表示你属于某个家庭，体现了一种血缘关系。武大郎与武松相貌与性格差异如此之大，可一笔写不出两个武字，终归是亲兄弟。孩子随父姓，是父系社会传下来的规矩，你姓什么是命里注定的，可取名却是自由的。夏商时，人们一般以干支取名，如孔甲、履癸、外丙、雍己、盘庚、武丁、小辛等，这与当时人重视时辰的观念有关。左传·桓公六年》记载着春秋时代命名的五个原则：“名有五，有信、有义、有象、有假、有类。”意思是要从追慕祥瑞、托物喻志、褒扬德行、寄托父辈期望等几个方面比照取名。并且提出七不准：“不以国、不以官、不以山川、不以隐疾、不以畜牲、不以器币”。男女有别，男多用威武勇智、荣华富贵之字，女则常选贤淑端庄、美丽华艳之词。“文革”破“四旧”，此乃封建主义的残渣余毒，改名风潮迭起。我所在的学校，那段日子每天都有大红榜贴出，改名者数百上千，卫东、红卫、建军、反修……重复的不计其数。我有同学为两姐妹，父亲是留洋的，大女取名“莎”，次女取名“娜”。立马改为“兴无”与“立新”，一叫就是十年。户口簿上早改过来了，可到现在我们还是很“革命”地叫着。口顺乎？耳顺乎？

字是从名中分化出来的，它对名有解释和补充的作用，是与“名”相表里的，所以又称“表字”。《疏》云：“始生三月而始加名，故云幼名，年二十有为父之道，朋友等类不可复呼其名，故冠而加字。”由此可见，名是幼时起的，供长辈呼唤。男子到了二十岁成人，要举行冠礼，这标志着本人要出仕，进入社会。女子长大后也要离开母家而许嫁，未许嫁的叫“未字”，亦可叫“待字”。古人取表字十分讲究，常见的有按兄弟行辈中长幼排行的次第取字，如孔子排行老二，所以字仲尼，有表字和名意义相同相通的，如屈平，字原，广平曰原；陆游，字务观，游、观意同。有表字和名意思相近，可以互为辅助。如：陆机，字士衡，机、衡都是北斗中的星名，互为辅助；李渔，字笠翁，渔翁常戴蓑笠。还有表字意为名字意思的延伸，如：李白，字太白，太白指太白金星，这是对太意的延伸；杜牧，字牧之，牧之即放牧，延伸解释了牧的含义。另有表字与名往往出自一句话中，意思相顺，而且字为名的意思作补充解释或修饰，这种情况，可称做“扩充式”。如赵云，字子龙，《周易》说：“云从龙，风从虎。”名和字在一句话中。

在古代，由于特别重视礼仪，在人际交往中，名一般用作谦称、卑称，或上对下、长对少的称呼。平辈之间，只有在很熟悉的情况下才相互称名，在多数情况下，提到对方或别人直呼其名，被认为是一种不恭敬的行为。平辈之间，相互称字，则认为是有礼貌的表现。下对上，卑对尊写信或呼唤时，可以称字，但绝对不能称名，尤其是君主或自己父母长辈的名，更是连提都不能提。否则就是“大不敬”或叫“大逆不道”，我国特有的“避讳”制度特别发达，你不懂，非但没法做人，弄不好是要掉脑袋的。

如果说“字”相比“名”来说有尊称的意味，那么“号”则比“字”更尊贵。号也叫别称、别字、别号。《周礼·春官·大祝》：“号为尊其名更美称焉”。号一般分为两类，一类是自己取的，谓之“自号”；另一类是人们为了褒扬纪念那些功绩显赫的人，而为其奉上的称号。奉与活人的，叫“尊号”；追封逝者的，为“谥号”。起号之风，大概源于春秋战国，诸如“老聃”、“鬼谷子”等，可视为我国最早的别号。两晋南北朝时已比较普遍，陶渊明就自号“五柳先生”，唐宋蔚然成风，元明清达到鼎盛，不但人人有号，而且一个人可以起许多号。

自号大抵有：

以居住地环境自号：李白自幼生活在四川青莲乡，故号青莲居士；苏轼，号东坡居士；陆游，号龟堂；辛弃疾号称稼轩居士。

以旨趣抱负自号：杜甫，号少陵野老；“六一居士”是欧阳修晚年的自号，即“一万卷书，一千卷古金石文，一张琴，一局棋，一壶酒，一老翁”；贺知章，自号四明狂客；金心农，自号出家庵粥饭僧。

别号大抵有：

以官职、任所或出生地为号：王临川（王安石）；杜工部（杜甫）；贾长沙（贾谊）；王右军（王羲之）；康南海（康有为）。

以封爵、谥号为号：诸葛亮封武乡侯，人称武侯；司马光，封温国公；岳飞，谥号武穆。

以其事迹文辞为号：李白，人称谪仙人；宋代贺铸因写了“一川烟柳、梅子黄时雨”的好词句，人称贺梅子；张先因写了“云破月来花弄影”，“浮萍断处见山影”，“隔墙送过秋千影”三句带“影”字的好诗，人称“张三影”。

由于号可自取和赠送，亦是一件雅事，以致许多文人墨客，弄了很多别号，可达几十个，上百个。以号行世，喧宾夺主，他们的名字反被冷疏或遗忘。苏轼一生有14类38个名号，好在他名气太大，后世又有那么多人研究他，一般是不会张冠李戴的。有些不入流的，恐怕就是一笔糊涂账了。诚如郑板桥所言：“别号太多，反成搅乱。”

生　肖

属相即生肖。生肖的周期为十二年。每一个人在其出生年都有一种动物作为生肖。这十二生肖即为鼠、牛、虎、兔、龙、蛇、马、羊、猴、鸡、狗、猪，依次分配于十二地支，即常说的：子鼠、丑牛、寅虎、卯兔、辰龙、巳蛇、午马、未羊、申猴、酉鸡、戌狗、亥猪，这是中国民间计算年龄的方法，也是一种古老的纪年法，亦称十二生肖。

生肖起源于中国，是华夏先民崇拜动物、图腾崇拜以及早期天文学的结晶。十二生肖的记载，从现有文献资料来看，以《诗经》为最早。《诗经·小雅·吉日》里有“吉日庚午，即差我马”八个字，意思是庚午吉日时辰好，是跃马出猎的好日子，这是将午与马相对应的例子。可见在春秋前后，地支与十二种动物的对应关系已经确立并流传。

到了南北朝时期，生肖已普遍使用，南朝《南齐书·五行志》中，已经有具体的按人的出生年份称属某种动物的记载。南朝诗人沈窘，曾创作了一首十二属相诗，“鼠迹生尘案，牛羊暮下来。虎啸坐空谷，兔月向窗开。龙隰远青翠，蛇柳近徘徊。马兰方远摘，羊负始春栽。猴栗羞芳果，鸡砧引清杯。狗其怀物外，猪蠡窅悠哉。”这首十二属相诗是按十二地支所配动物的顺序写成的，说明当时十二生肖已为人们所十分熟悉。

生肖的确定，世俗一般认为是正月初一为界，其实更多的专家学者，经过调查考证后，倾向于以农历立春为界。“农历”是汉代开始使用的“太阴历”，新年是以立春为界的，立春是二十四节气之首，故生肖以立春为准。

为何生肖是十二种呢？古代历来以天为主、地为从。十天干又叫十母，对应的十二地支则别称十二子。汉代蔡邕《月令章句》说：“大桡采五行之情，占斗纲所建，于是始作甲乙以名日，谓之干；作子丑以名月，谓之支。干支相配，以成六旬。”大桡是黄帝时代的大臣，这里配成六旬，即六十甲子，取了天干十和地支十二的最小公倍数。干与支按顺序相配合，由甲子乙丑……一直排至癸亥为第六十对，正好干、支均用最末一位，再排便是重由甲子开始，这一循环是六十年，称为一个甲子。其中，每个天干出现六次，每个地支出现五次。

生肖的排列顺序是有讲究的。子时（夜11—1点），据说老鼠是深夜里最活跃的动物，所以子时就是属鼠；丑时（午夜1—3点），因为牛是最早耕地的家畜，所以丑时就属牛；寅时（后半夜3—5点），寅解释为害怕的意思，古人最怕的动物是老虎，所以寅时就属虎；卯时（早晨5—7点），因为早晨5—7点钟，还在“太阴”（即月球）时间内，传说月球中有玉兔，所以卯时就属兔；辰时（早晨7—9点），传说此时正是群龙行雨的时候，所以辰时就属龙；已时（上午9—11点），据说蛇最爱在此时利用春草作掩护，出洞觅食，所以已时就属蛇；午时（中午11—1点），阳气到项，阴气始再生，而马行千里，属于“阴”类动物，所以午时就属马；未时（下午1—3点），传说羊在未时吃过的草，草根再生力强，所以，未时就属羊；申时（下午3—5点），因为天快晚了，猿猴要呻叫，所以申时就属猴；酉时（下午5—7点），此时正当月出之际，有“太阳金鸡”的传说，所以酉时就属鸡；戌时（晚7—9点），因为此时是夜的开始，犬是守夜的家畜，所以戌时就属犬；亥时（晚上9—11点），这个

时间天地最混沌，而猪最爱睡觉，混沌不清，所以亥时就属猪。

国人有生肖信仰，民间认为生肖与人的性格。有着非常密切的联系，即一个人属什么，他的身上往往就具备某种动物的特性。至今在民间，还流传着许多用动物谚语来比喻人的，如“胆小如鼠”、“牛脾气（牛不喝水不能强摁头）”、“犟驴”、“老狐狸”、“母老虎”。

有一点可以肯定，每一个人身上似乎都具有某种动物属性，有的人性情如牛：正直，勤勉，稳重，固执，缓慢；有的人生性如羊：善良，敏感，有礼，依附，悲观；有的人胆小如鼠：紧张，小心，敏捷，机灵；有的生猛如虎：勇敢，易怒，暴力，权威；有的人猴性十足：热心，好动，投机，聪慧……正因为每一个人的身上特别是五官的某些细节具有某种动物特征，所以才会用“牛鼻子”、“贼眉鼠眼”、“山羊胡须”、“鹰鼻”、“尖嘴猴腮”、“马脸”等词汇来形容人的相貌特征。

在国人的心中，每一种属相都具有一定的象征意义。比如老鼠代表智慧，牛代表勤奋，老虎代表勇猛，兔子代表谨慎，龙代表威猛，蛇代表柔韧，马代表勇往直前，羊代表和顺，猴子代表灵活，鸡定时打鸣代表恒定，狗代表忠诚，猪代表随和。

因为这点，以前的人特别相信属相冲克。它对婚姻的影响非常大。过去人们婚前不管双方条件多好，但一定要把双方的八字算一算，看看是否相克，比如属龙的和属虎的是不能做夫妻的，称之为龙虎斗，夫妻婚后是不得安宁的；还有女子属羊的不好，属羊的女子一般要守空房。因为这，多少痴男怨女不能结为秦晋之好，演绎了人生的许多悲喜剧。这方面的故事在一些电影和小说中，得以大量反映。这些说法显然包含了大量封建迷信的味道，是不值得提倡的。

生肖文化的积极因素是吉祥祝福。中华民族自古善良，被誉为“礼仪之邦”，以思想表达、精神追求、感情传递、心理祈盼为目的的吉祥文化，内容广泛、丰富而浓厚，是我国传统民俗文化的重要组成部分。生肖属相作为与每个人伴随一生的动物形象，既是一个人的出生符号、铭记年岁的依据，也是一个人相伴一生的吉祥物，被人们赋予许多美好的祝愿和心灵的祈求。生肖蕴含了中国人民的智慧与憧憬，饱含了对幸福生活的向往与吉祥福喜的寄托之情。

抓　周

我的一个朋友——当然是晚一辈的了，最近在忙碌着要给自己的孩子过周岁。一脸地郑重其事，请教我抓周该如何如何。爷爷奶奶外公外婆都要来的，还有一位德高望重的曾祖父。可不能失礼于无知啊！我告诉他上网查查便可，你又不是帝胄之家，犯不着弄许多规矩。我笑道：可不要抓出个贾宝玉出来哦。答曰：不会，乃女儿身也。

抓周，又称拭儿、试晬、拈周、试周，英文为Draw lots。这种习俗，在民间流传已久，与产儿报喜、三朝洗儿、满月礼、百日礼等一样，同属于传统的诞生礼仪。

北齐颜之推《颜氏家训·风操》中就明确记载："江南风俗，儿生一期（即满一周岁），为制新衣，盥浴装饰，男则用弓、矢、纸、笔，女则用刀、尺、针、缕，并加饮食之物及珍宝服玩，置之儿前，观其发意所取，以验贪廉愚智，名之为拭儿。"宋代孟元老《东京梦华录·育子》中记载说：民间生子后，"至来岁生日，罗列盘盏于地，盛大果木、饮食、官诰、笔砚、算秤等经卷针线应用之物，观其所先拈者，以为征兆，谓之'试晬'，此小儿之盛礼也。"这一风俗，应该是源于人们原始的征兆观念。自然界的各种现象、人世间的吉凶祸福，在其发生之前都是有征兆的，故以抓周来预测前程，以求因果效应。历朝历代的一些相关传说与故事也是神乎其神的，如三国时吴主孙权称帝未久，太子孙登得病而亡，孙权只能在其他儿子中选太子。有个叫景养的普通老百姓求见孙权，进言立嗣传位乃千秋大业，不仅要看皇子是否贤德，而且要看皇孙的天赋，并称他有识别皇孙贤愚的办法，择一吉日，诸皇子各自将儿子抱进宫来，只见景养端出一个满置珠贝、象牙、犀角等物的盘子，让小皇孙们任意抓取。众小儿或抓翡翠，或取犀角。惟有孙和之子孙皓，一手抓过简册，一手抓过绶带。孙权大喜，遂册立孙和为太子。然而，其他皇子不服，各自交结大臣，明争暗斗，迫使孙权废黜孙和，另立孙亮为嗣。孙权死后，孙亮仅在位七年，便被政变推翻，改由孙休为帝。孙休死后，大臣们均希望推戴一位年纪稍长的皇子为帝，恰好选中年过二十的孙皓，这时一些老臣回想起先前景养采用的选嗣方式，不由啧啧称奇。看来这确实是戏说，犹如济公抓周时抓到的是佛珠，以后便修成大大的正果。今人钱钟书当年倒是抓住书不放，因此得“钟书”之名，以后遂成学贯中西之大家。

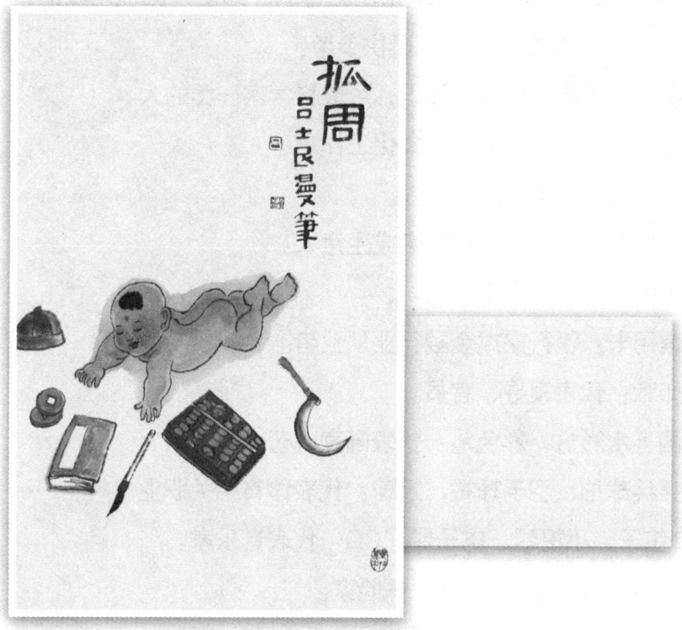

小孩周岁时，以此预测他（她）的前途和性情，似乎有些荒诞不经，但对生命延续、顺利和兴旺的祝愿，却是大家喜闻乐见的。一个大家族聚在一起，进行一个乐呵呵的、充满喜庆人伦的活动，实在是心旷神怡，轻松愉快。以下乃抓周须知，切切记住：

1. 那天要起个早，宝宝要梳洗干净，换上新衣新帽新鞋。

2. 所选抓周物品颜色尽量一致，不要造成视觉上的干扰。

3. 物品必须是宝宝第一次接触。

4. 抓周的过程中亲友不要干预。

5. 抓两次即可。

6. 要在吃中午饭之前举行抓周活动。

抓周究竟放何物品，向来是见仁见智的。即便是象征意蕴的，也要与时俱进的。有一清单兹列于下，聊供参考：

1. 字典或词典：代表有知识，可成科学家一类的人。

2. 书、笔：代表公务员、文化工作。

3. 尺：代表律师、法官等。

4. 计算器、算盘：代表商家或生意人。

5. 人民币（钱）：有钱人。

6. 信用卡：银行家或金融行业从业者。

7. 印章：代表领导、官员。

8. 画、水彩盒、彩色笔：代表画家、艺术家。

9. 乒乓球拍、羽毛球拍、足球：代表体育相关职业。

10. 笛子、小提琴、电子琴、CD：代表音乐家。

11. 小鞋子：代表旅行家、探险家。

12. 润肤霜、口红：代表爱美，在乎自己的容貌。

13. 手机、软盘、鼠标：代表从事IT业、高科技、通讯业。

14. 螺丝刀：工程师、工业。

15. 玩具汽车：代表有车族、司机。

16. 积木：建筑业、设计师等。

压岁钱

春节，是中国人最为看重的节日。一个孩子，在这个热热闹闹的日子里，收不到压岁钱，那是要郁闷一年的；经济再拮据的家庭，晚辈的压岁钱，除夕夜也一定要准备好的。

压岁钱在中国的民俗里可谓源远流长。最早的压岁钱也叫厌胜钱，或叫大压胜钱，这种钱不是市面上流通的货币，而是为了佩带玩赏而专铸成钱币形状的避邪品。这种钱币形式的佩带物品最早是在汉代出现的，有的正面铸有钱币上的文字和各种吉祥语，如“千秋万岁”、“天下太平”、“去殃除凶”等；背面铸有各种图案，如龙凤、龟蛇、双鱼、斗剑、星斗等。唐代那时还没有春节这一说，有“立春日”，是宫内相互走动、朝拜的日子。这一天宫廷里散钱之风盛行。王仁裕在《开元天宝遗事》中云：唐玄宗天宝年，“内廷嫔妃，每于春时，各于禁中结伴三人至五人掷钱为戏”。王建在《宫词》中载：“宿妆残粉未明天，总立昭阳花树边。春日内人长打白，库中先散与金钱。”宋元以后，正月初一取代立春日，称为春节。不少原来属于立春日的风俗也移到了春节。春日散钱的风俗遂演变成为给小孩压岁钱的习俗。到了明清时，压岁钱大多数是用红绳串着赐给孩子。清富察敦崇《燕京岁时记》是这样记载的：“以彩绳穿钱，编作龙形，置于床脚，谓之压岁钱。尊长之赐小儿者。亦谓压岁钱。”清人吴曼云《压岁钱》诗曰：“百十钱穿彩线长，分来再枕自收藏；商量爆竹谈箫价，添得娇儿一夜忙。”民国以后，则演变为用红纸包一百文铜元，寓义为“长命百岁”，给已经成年的晚辈压岁钱，红纸里包的是一枚大洋，象征着“财源茂盛”、“一本万利”。

在民间，压岁钱的来历则是优美的故事与传说了。流传最广的是这么说的：古时候，有一种小妖怪叫“祟”，大年三十晚上出来用手去摸熟睡着的孩子的头，孩子往往吓得哭起来，接着头疼发热，变成傻子。因此，家家户户都在这天亮着灯，坐着不睡，叫做“守祟”。有一家夫妻俩老年得子，视为心肝宝贝。到了年三十夜晚，他们怕“祟”来害孩子，就拿出八枚铜钱同孩子玩。孩子玩累了睡着了，他们就把八枚铜钱用红纸包着放在孩子的枕头下边，夫妻俩不敢合眼。半夜里一阵阴风吹开房门，吹灭了灯火，“祟”刚伸手去摸孩子的头，枕头边就迸发道道闪光，吓得“祟”逃跑了。原来，这八枚铜钱是神仙变的。第二天，夫妻俩把用红纸包八枚铜钱吓退“祟”的事告诉了大家，以后大家学着做，孩子就太平无事了。因为“祟”与“岁”谐音，之后逐渐演变为“压岁钱”。

另一故事源于古代“压惊”。说是太古时有一种凶兽叫“年”，隔365日后之夜，就要出来伤害人畜、庄稼。小孩子害怕，大人则以燃炮竹驱赶“年”，用食品安慰小孩，即为“压惊”。年久日深，便演变为以货币代食物，至宋便有“压惊钱”。据史载，王韶子南下，因被坏人背走，于途中惊呼，发现后被救，宋神宗即赐了他“压惊金犀钱”。以后才发展为“压岁钱”。

还有一种说法是给孩子的是“压祟钱”，老人的才是“压岁钱”。老人的“压岁钱”是希望不再增长岁数，寓意长寿。

按民俗学者的观点，“压岁钱”的原本意思是长辈对晚辈的美好祝愿，是长辈送给孩子的护身符，保佑孩子在新的一年里平安幸福、健康顺利，不在乎钱的多少。在我的童年记忆里，压岁钱尽管是以分和角来计算的，却也能在一年里对其保持着美好的憧憬与向往。每每在年夜饭吃完以后，父母亲会掏出几个皱巴巴的小红包——交给望眼欲穿的我们。我们接过来，旋风般地出了家门，在昏暗的路灯下数点着里面的角票与钢蹦子。尽管没有什么“同比”、“环比”的增长，但能买几挂鞭炮我们就乐不可支了。当然，还有小人书、棒糖、烤红薯……如今的压岁钱都达到万元的水平了，最好是百元大钞，而且要连号的；送存折的也大有人在。这风俗的移易也真是了得。即便是收入不菲的白领，也经不起这样“扒皮”的，怪不得要惊呼：春节如同“春劫”，有家也不敢回了。收到数额巨大的现金，该如何打理，亦成了一个热门的话题。存银行乎？买股票基金乎？还是去买个ipad玩玩？目光远大的家长，则又着眼培养孩子的理财意识了，从小抓起，总是不吃亏的。压岁钱这古老风俗里蕴含着的脉脉温情，却是渐去渐远了。

上 梁

上梁，指的是盖房子安装屋顶最高一根中梁的过程。安居乃人生根本，做屋盖房亦是一件大事。中梁，宅之栋梁也。人云：上梁有如人之加冠。在上中梁时举行的隆重仪式，表达的是殷殷的期盼与希望：中梁支撑，永保房屋坚实，基业牢固，合家平安，香火旺盛，泽被世代。倘若“上梁不正下梁歪”，房子哪天塌了是一回事，一辈子都是要背运的，子孙后代也要跟着倒霉。

上梁先要制梁。梁的尺寸按屋体制作，须选上好的树材任之。坚弥圆直是必不可少的条件，俗称“东瓜梁”。一般都是深山里长了几十年甚至上百年的良木。徽州老祠堂里的中梁，要的是几百年大树的躯干。若尚未择选吉日良辰，则必须先“寄梁”，即把制好的中梁寄放在庙内或清净处所架起来，上香参拜，等候上梁吉日，因为动斧后的梁木已是有“梁神”在内的圣物，不可遭人任意触摸而受到污染。

接下来，就是请村里“明白人”定日子，查好时辰；在上梁的过程中，每个重要环节都要选择良辰，一点马虎不得。上梁时如家人生辰时刻与上梁时辰相冲，必须避讳。上梁时间最好择“月圆”、“涨潮”时辰进行，取合家团圆，钱财如潮水般涌来之意。上梁前必祭神，讲究的大户人家祭品有“全猪”（即用猪头一只，猪尾一根，意即全猪），俗称“利市”。鱼、鹅、豆腐、蛋、盐与酱油五色或七色，用木制红漆祭盘，置于供桌上端，其他菜肴廿四碗及南北果品十二碟。贴“上梁欣逢黄道日，立柱巧遇紫微星”之类的对联。对联用黄或绿色纸，切忌用红纸。上梁前，最重要的一项礼仪是“披红”，即主人给梁木系红布，裹红绫，或贴红纸。此举是辟邪，让家人平安。将中梁放在屋架的脊桁位下，梁中端系以红布，或裹上红绫，这就叫“披红”；上面贴上中国传统的“八挂图”和“上梁大吉”、“姜太公在此”等红纸条幅，下面用红布或红绫连着染红的筷子，下垂一串“乾隆”、“康熙”等预示着吉祥的铜钱，意思是四方平安，招财进宝，五谷丰登，驱邪求福。

民间有“龙虎伏位”的说法，是取龙虎相配较为吉祥之意。因此上梁最重要的活得由要两位属龙和属虎的师傅来做，其他的都是打下手的。他俩在腰际要系上红绫布条，净身之后，便是“拜梁”，祈请庙宇众神、三界地主、五方宅神、鲁班先师、梁神等作主，主持者用朱笔点梁的两端称

“点梁眼”，生肖属龙与虎的人，按左青龙、右白虎的方向将梁升起。当中梁徐徐抬高时，声音高亢、能说会道的工匠要诵“上梁文”或唱“上梁歌”，口念：大梁好比一条龙，平平稳稳往上行；行到半路停一停，亲朋

好友来挂红。这时，鞭炮齐鸣，木匠师傅开始撒丢五谷、硬币、花生、糖果之类，意谓“新厝开花”、“大吉大发”。边唱边说的那位则用酒壶浇酒，从梁头浇到梁尾。浇毕，主人给工匠发“红包”。领头的师傅一声招呼，大喊：“上啊，大吉大利！”众人用绳子拉梁慢慢上柱端，梁的东端应高于西端而上，因东首为“青龙座”，西首为“白虎座”，白虎要低于青龙。待正梁敲进榫内，则要往下抛上梁馒头，此时主人家的儿子、媳妇拉着一条红被面，把抛下的馒头接住，示意传宗接代。凡抛到被外的，或有意抛向观望的人群，大家纷纷抢夺，称“抢上梁馒头”，以示庆贺。有民谣唱道：陌上人家新筑楼，梁头抛下大馒头。喜糖如雨从天洒，村里儿童抢带偷。

所有这些动作完成后，时已当午，众人退出新屋，让太阳照晒屋架，这叫“晒梁”。至此整个上梁仪式结束，场院里，已摆好了酒席，七碗八碟酒肉伺候。主人热情招呼大家入做座，敞开吃喝。不一会儿，便是一片猜拳行令声。人们兴奋地说着方才的每一个细节，主人也不知要收获多少吉利的话；门外鸡鸣狗叫，也是一派欢势。上梁，确实是乡村一个热热闹闹的节日。

店铺的招幌

你若是个酒徒，且还有些斯文儒雅的情怀，诸如这样的诗句一定是熟记或知晓的：“千里莺啼绿映红，水村山郭酒旗风”；又如“闪闪酒帘招醉客，深深绿树隐啼莺”。酒旗罢，酒帘罢，都乃古时候招徕生意的幌子也。一般用青白布制成的三角或长条的旗帜，周边饰以锯齿状。亦可书若干吸引眼球的大字，如《水浒》里武松，一日来到阳谷县地面，走得肚中饥渴，望见前而一个酒店，挑着一面酒旗，上头写着:“三碗不过冈”。这五个大字撩起了武二郎的酒兴，硬要破店规，连喝了十八碗。最后凭借酒力，打死了景阳冈上那只吊睛白额虎，成就了一段英雄佳话。

招幌，含招牌与幌子，是中国传统的商业广告民俗的主要形态之一。招幌广告源于古代最原始的实物广告和标记广告。《诗经》中有如此描述：“氓之蚩蚩，抱布贸丝。”说的是一个男子抱着布来和别人交换丝。“布”就是用来陈列展示的一种实物广告。在实物商品上刻印文字，亦是招牌的萌芽。如在西周和春秋墓葬出土的文物中，都发现了不少器物印记，其中既有器物主人和各种官工的印记，也有民间手工业者刻在陶器、漆器以及绢绣上的“某记”印记，以和其他生产者相区别。招幌的滥觞，与坐商的出现有直接的关系。春秋时期，我国古代商人已有了行商和坐贾的区分。班固《白虎通义》曰：“商、贾何谓也? 商之为言，商其远近，度其有亡，通四方之物，故谓之商也。贾之为言固，固有其用物以待民来，以求其利者也。行曰商，止曰贾。”可见，贾即为有固定场所的坐商。如何把买卖做大呢，最简单直接的做法就是把所售物品在店门口铺陈开列，眼见为实。水果店前摆时鲜果品、棉麻店悬挂一篮棉花、衣绸庄陈列各色衣料……不良商贾想赚昧心钱，也会“挂羊头、卖狗肉”，追根溯源可在先秦的典籍里见到，那时还是“悬牛首、卖马肉”。这都是实物幌子，主要用于具有独立完整个体，特征鲜明，同时又便于在光天化日之下陈列之物。局限性多多，于是就有了模型幌子，如蜡烛店悬挂木制加彩大蜡烛、珠宝首饰店的金簪银镯模型；标识幌子，《后汉书·费长房传》有："市中有老翁卖药，悬一壶于肆头。"悬壶遂为挂牌行医的标识。"悬壶济世"则是古代医家毕生的追求了。其他的如米店挂量米的升、油店挂油瓶等等；效果幌子，夸张或放大突出物品或技能的作用，如梳店在门口悬挂巨大的梳、镶牙铺画颚骨牙齿等。

招牌，则主要是以悬挂、镶嵌、砌筑等方式固定于门市的匾、额、牌、壁等书有特定文字或绘有相应图案的标识。宋代有词云：挂招牌，一声喝彩，旧店新开。从《清明上河图》中可以看出，北宋汴京城内十字街口的店铺已广泛的出现了各种横的和竖的招牌。有挂"刘家上色沉檀香"竖标的香药铺；有挂"久住王员外家"招牌的客店；有挂"孙羊肉"招牌的羊肉店，有挂"神农遗术"、"赵太丞家"、"杨家应症"的药材店。还有凉棚檐上挂着写有"神课"、"看命"、"决疑"字样的招牌。招牌一般是放在户外的，所用的质材，有布、木、铜、铁、砖石等。形式可分为横、竖、坐、壁四类。坐招，是坐落门市地面或柜台上的落地式招牌。壁招亦称"墙招"，即书写、镶嵌或砌筑在墙壁上的招牌。如典当铺那个大大的"当"字、茶馆屋檐下悬挂着的"茶"字，酒店的"太白遗风"，药店的"丸散膏丹、参茸饮片"等。大都出自书法名家或社会名流的手笔，北京的"六必居"，便是明代大奸臣严嵩的手笔，那字是很不错。当然，若是皇上的御笔，那店铺的名气更是如日中天了。当然，要成为真正的"金字招牌"，最要紧的还是货真价实，诚信待客，童叟无欺。如杭州的张小泉、北京的全聚德、安庆的胡玉美、山西的内联升……随着商业竞争的激烈，店铺的门面修饰也成为招牌的表现手段。《东京梦华录》说："凡京师酒店，门首皆缚彩楼、欢门。"这里所说的彩楼、欢门，是一种商店门面的装潢，它使商店的门面别具一格，各具特色，便于人们识别，起到招牌广告的作用。如北宋东京著名酒楼丰乐楼“三层相高，五楼相向，各有飞桥栏槛，明暗相通；珠帘绣额，灯烛晃耀”。发展到今天，则是“亮化工程”，满街灯红酒绿，流光溢彩，处处皆不夜城了。

我故乡的屯溪老街，被誉为“活动着的清明上河图”，是夸张了一些，但古来商贸的兴旺，却也是不争的事实。今天旅游业火爆，如林的店肆，如织的游人，满街林林总总的招牌，让你目不暇接。沿着青石板路缓缓前行，时光仿佛倒流了二三百年。但盛况空前的一个实物招幌却是不可能再现了。上了年纪的当地人都知道这么个事情：那时每逢要杀鹿制药，百年老药店同德仁都要预先告示，然后抬着披着红布的活鹿在四街游一圈。众目睽睽下一刀宰杀，当场取鹿茸、鹿鞭入药以取诚信。今天看来，确实是触目惊心，保护动物的组织也一定要发声抗议的。

筷　子

筷子看似很简单，不过是两根细细的棍子，拨来拨去，挑上挑下，国人一日三餐离不了，谁都会用。可你知道吗？它是人类文明史上一项值得骄傲的科技发明。

诺贝尔物理学奖获得者华裔李政道先生，曾在一次大会上，说到了筷子：“中国人早在春秋战国时代就发明了筷子。如此简单的两根东西，却高妙绝伦地应用了物理学上的杠杆原理。筷子是人类手指的延伸，手指能做的事，它都能做，且不怕高热，不怕寒冻，真是高明极了。”

日本的学者曾做过测定，人在用筷子夹食物时，有80多个关节和50条肌肉，同时在运动，并且与脑神经有关。因此，用筷子吃饭，使人手巧，可以训练大脑，使之灵活。所以，外国人对这两根神奇的棍状物，能施展出夹、挑、舀、撅等功能，钦羡不已，并以自己能使用它进食，而感到无比高兴。

筷子似乎大家都会用，但很多人的姿势往往是不对的。正确的方法是：右手执筷，上面的一根筷子要用大拇指、食指和中指控制，下面的一根筷子要固定，只动上面的筷子，然后夹住食物，这点很关键。只有两根筷子的头部合起来，筷子尖对准，才能很容易地夹起吃的东西。用筷子尖夹取，必要的时候，左手放在食物下方承托，避免在送到嘴之前，食物有滴漏的。三个手指要自然弯曲扶住筷子，并且筷子的两端，一定要对齐。在使用过程当中，用餐前，筷子一定要整齐摆放在饭碗的右侧，用餐后，则一定要整齐的竖向，摆放在饭碗的正中。

“筷子”又称“箸（筯）”，远在商代就有用象牙制成的筷子。《史记·宋微子世家》中记载“纣始为象箸”。用象牙做箸，是富贵的标志。做筷子的材料也不同，考究的有金筷、银筷、象牙筷，一般有骨筷和竹筷，现在有了塑料筷。各地筷子长短不一，湖南的筷子最长，有的长达两尺左右。

我国用筷子进餐历史悠久。相传大禹为使用筷子的第一人。传说大禹在治理水患时，三过家门而不入，都在野外进餐，有时时间紧迫，等兽肉刚烧开锅就急欲进食，然后开拔赶路。但汤水沸滚无法下手，就折树枝夹肉或粉粢（米饭）食之，这就是筷箸的雏形。

我们的祖先发明筷子与食物有关。汉民族很早就开始了农耕生活方式，主要作物是适应性强的谷子（黍）。黍类粮食有两大特点，一是颗粒小，二是粗糙的外皮不易被除去。在最初的时候，我们祖先可能是将谷粒（小米）捣碎煮粥食用的，往往还要掺杂一些野菜、树叶之类一起煮，以便改善口味，并节约粮食。不能用手抓着吃，也不能用手捞食，有人顺手取来小木棍之类的东西，试着把野菜或树叶拨入口中，这就是筷子的最初形式。

把谷子用树叶包好，糊泥置火中烤熟，这是古人的一种吃食方式。有专家认为，这种烤食法也推动了箸之形成。当先民把包好涂泥的谷粒，置火灰中烤时，为使其受熟均匀，不断用树枝拨动，天长日久，筷箸的雏形也渐渐地在先民手中出现。

筷子有多种名称，先秦时期称“挟”，也作“荚”。郑玄注释：“挟，犹箸也，今人谓箸为挟提。”汉代著名史学家太史公司马迁著《史记》时，称商纣时期的筷子为“箸”，古写为“木箸”。唐时李白《行路难》诗曰：“停杯投箸不能食”；杜甫《丽人行》诗云：“犀箸厌饫久来下，鸾刀镂切空纷纶。”自唐代起，宋、元、明、清皆统一称“箸”。

唐代以前的筷子，多为素面圆柱体，比较单调，后改圆形为六棱形。到了明代，筷子变成了首方足圆。所谓“首方”，即是上部为方形；“足圆”，即箸的下半部为圆形。明代以前无论是银、铜、竹、木、牙箸等，大多为圆柱体，也有六棱形，但四方形极少，可是明代箸却以首方足圆为特征。由前代的首粗足圆柱形箸改为首方足圆体，看起来变化并不大，但这一小小的改革有三大好处：一是，圆柱体筷箸容易滚动，而四楞箸的首方足圆箸，不会滚动，设宴待客放在桌上很稳重。二是，四楞箸比圆形箸更稳当，方头筷握在手中用力拨菜也不易打滑，吃面条更得心应手。三是，四楞方箸为能工巧匠在箸上题诗刻字雕花，提供了艺术发展的良好条件。圆柱体筷箸难以表现绘画刻字，方箸不但可以两筷相应拼组成画幅，也可十双筷箸排列组成更大的画面。

筷子的使用是有一定规矩和礼仪的。比如夹起食物之后，不应该放回盘碟；不能用筷子对着人或用餐时拿筷子指手画脚；不能用筷子在菜盘上来回地转而却又不夹菜；不能将筷子插入一碗米或饭，这是祖先奉献物品的方法；不要用筷子敲打碗盆。逢到家里请客吃饭时，尤其不可将筷子胡乱地敲打碗盆；不能够将筷子含在嘴里。握筷姿势应规范，进餐需要使用其他餐具时，应先将筷子放下。在席间说话的时候，不要把筷子当道具，随意乱舞；或是用筷子敲打碗碟桌面，用筷子指点他人。每次用完筷子要轻轻地放下，尽量不要发出响声。

筷子很简单，就是两根棍，随处可见。筷子亦多样，有木也有竹，有金又有银，筷子的种类多样。尽管筷子多变化，但筷子直而长，两根为一双的情况始终未变，这就是事物的本质属性。

小小筷子，学问真不少呢。

年夜饭

中国人喜欢吃，生活里有各种形形色色的饭局，但天字一号重要的当属大年三十晚上的这顿年夜饭。对年夜饭的重视，也就是对传统的重视，也是对自己身份的认知；因为这顿饭代表着一个人真实地活在世上，年夜饭的温情弥漫在每个中国人的心头。

说出来恐怕没人会相信，从上世纪六十年代到八十年代近二十年里，我家年三十这顿年夜饭的菜肴居然一成不变，上菜的顺序亦不变；甚至连每人坐的位置也不变。如此的徽州人家，实属罕见。

祖父是前清末代秀才，科举废了，他的“上进心”也没了，便在村里当了私塾先生。老人家早在四十年代就已仙逝，我自然无法目睹他的音容笑貌。只能从长辈的嘴里，略知他洒脱不羁于一二。祖父年三十居然不回家吃团圆饭，一人在小酒店吃酒。酒至微醺，便摇晃桌子，非说它不稳。然后从长衫里掏出一把银元让伙计去垫桌脚，一次不知道要耗掉多少白花花的大洋。父亲正好与他相反，——一个极其传统、守拙的徽州人。为人谨慎，处事低调，在家里讲的是大大的规矩，那一年一次的年夜饭也深深地打上了他的烙印。也唯独在此时，他才放下了平日里的威严，变得和蔼可亲一些。在相当长的时间里，年三十是我最幸福的一个日子，没有功课，没有训斥；整个一个白天充满着不会落空的期待：一年中最丰盛的一顿晚饭正渐行渐近、分分秒秒地朝我走来。

说起来，我家的年夜饭早在腊月二十三就动作了。我的姑妈——一个典型的徽州女人，用她勤劳的双手，忠实地执行着父亲的一道道指令。其实，做什么、怎么做，二十年一贯制，姑妈早就烂熟于心了。买肉、杀鸡、剖鱼、做肉圆、卤牛肉……我们的任务是洗碗洗碟——这套餐具不知是哪代传下来的，细瓷、雕花、镶边。年三十的早晨，很庄重地从樟木柜里取出，一年只露一次脸，有点追终慎远的味道。总归是寻常人家，年夜饭的菜林林总总，但绝没有“沙地马蹄鳖”、“红烧果子狸”一类的阳春白雪，当家的徽菜——臭鳜鱼亦难觅到。当然，诸如今天很吃香的毛豆腐、臭豆腐，当时属下里巴人，也上不了台面。一张四方桌置于堂前，父亲正襟独坐正面，我们依尊卑、按惯例落座。以前吃年夜饭前，要在铜蜡烛台上点一对红红的大蜡烛。“文革”破“四旧”，这程序就简化掉了。父亲一句“开始”，凉、炒、热、烧十几道菜就按部就班，有条不紊地上来了。

至今我印象深刻的有三道菜：一是葛粉圆子。粉要从乡下买，正大八经地从葛根里取出来的。配料有猪肉丁，以肥为主；冬笋丁，要刚挖出的新鲜货；香菇丁，也一定是当年的。做成鸡蛋大小的圆子，放进竹蒸笼，下垫荷叶。大火伺候半小时，掀去盖子，一把切得细细的大蒜叶撒下去。最后，洒上从同德仁买来的黑胡椒粉——百年老店，绝对正宗。端将上来，翠绿的蒜叶点缀着褐色、亮闪闪的圆子。吃到嘴里，韧而不坚、辣而不烈、香而不腻。

二是炒二冬——冬笋与冬菇的组合。父亲一改平日的“君子动口不动手”，这道菜他是要亲自掌勺的。他是老中医，讲究搭配，这二冬如何“君臣佐使”，那是一点马虎不得的。无非是分量多少、切得厚薄、油盐几许、火候掌握，忙煞了给他当下手的。端上桌后，众人齐声叫好，唯我尝了一口就再不下筷了，那笋吃起来，有点麻嘴，父亲厨艺一般，我又不想违心地恭维，常常被人在桌下踢脚、使眼色，直到今天还记忆犹新。

第三道是年夜饭的当家菜——腌笃鲜，集火腿、板鸭、猪小排、肚条、冬笋、黑木耳、肉皮肚、肉圆、豆腐角于一沙锅。沙锅是特大号的，直径足足有一尺。如此多的品种置在其中，似乎还绰绰有余。这菜最要紧的是火功，且是文火，足以见证徽州人的耐性。年三十早晨天刚蒙蒙亮，姑妈就开始忙碌了，栎炭在炉子里烧得暗红，大沙锅很气派地踞于其上，有点唯我独尊的味道。先进去的是火腿、小排；一刻钟后，板鸭、肚条次之；皆是腌鲜一对一地联袂而入。火腿是腿心、小排要肋骨、肚条须肚尖、板鸭只取胸脯前的两块肉。三小时后放进冬笋、黑木耳、皮肚、肉圆。冬笋的质品自不待说，黑木耳已泡得很舒展；肉皮肚半个月前就到老街的那一家去买了。一进腊月，店家就在门口支起一口大锅，里面沸腾着滚油，炸出的肉皮肚又大又蓬松，生意好得一塌糊涂。最后放进的是豆腐角，黄灿灿、四方方，炖半小时就很灌汤了。到了夕阳西下，鞭炮声响成一片时，腌笃鲜才算大功告成。整整一天，我们进进出出，忙忙碌碌，只闻其香，不知其味，实在馋得不行。要知道，中午吃的是菜煮饭，就着腌萝卜干下去的。也不知是哪位祖宗定下的规矩，父亲恪守不变，一家老小谁都不能例外。

这一顿饭，所有的人都可以敞开吃，父亲也不再管我们的“吃相”。上菜严格按顺序依次而行，待到那道腌笃鲜“千呼万唤始出来”时，我的胃已经被撑饱了。锅盖打开，热气袅袅，香味四溢，众人热烈欢呼。挂在正面墙上的祖母像在飘忽的热气中似乎变得生动起来，她正慈祥地望着后代们大快朵颐。我此时想的是这一切快快结束吧，惦记着饭后长辈们该给我多少压岁钱了。

徽州一品锅

石原皋先生在《闲话胡适》一书的第94页描叙了当年在胡家吃徽州锅的情景。落笔朴实，着墨不多，颇有味道。读之，形而上者心驰神往，形而下者则垂涎三尺了。

胡适是新派文人，但乡土情节极重。他嗜食徽州锅，请客是必上的当家菜。即便在担任驻美大使时，也要让它飘洋过海，给洋人见识见识这徽州大山里的“土特产”。《胡适自述自传》劈头第一句就是：我是安徽徽州人。不谈文化与修养，就饮食层面而言，说这话也是底气十足的。胡适是绩溪上庄人，他的妻子江冬秀是旌德江村人，徽州锅在这一带最为流行。今天的徽菜馆，无论是“李逵”还是“李鬼”，都将之作为招牌菜隆重推出。只是改换了名头，赫然写着：一品锅。据说这名称很有些来头：明朝某皇帝一天突然临驾石台县“四部尚书”毕铿家。毕的一品诰命夫人余氏烧了一个火锅奉上。皇帝吃得津津有味，赞不绝口。听说是夫人亲手做的，便御口一开：原来还是一品锅啊。从此名声鹊起，一发而不可收。想想也是，这皇帝一旦是个饕餮之徒，又时常喜欢到民间走动走动，吃吃喝喝。兴致上来了，这天下御定的菜肴真不知有多少。其实，真正一品锅之名源于孔府。孔子的后代在明清两代封爵为“当朝一品”官衔，乾隆皇帝赐孔府《满汉全席》银餐具中最大的一件，称为“当朝一品锅”。把徽州锅也叫做一品锅，无非是想沾一点帝王之气造势罢了。

在徽菜这个家族中，一品锅的地位并不高。倘若以公、侯、子、伯、男排列，充其量属于“伯爵”级。过年的时候，大户人家在宽敞的厅堂里开席畅饮。各式菜肴林林总总，一品锅也断不可少。锅里热气袅袅，桌上杯盏交错。列祖列宗的画像高悬在高燃的红烛之后，很满意地看着子孙们不忘传统。寻常人家生活再窘迫，此时桌上一品锅还是有的，只是孤单单的，没有七碗八盘做陪衬，其中的品种与质地当然也不能和前者比拟。

就着一斤散打的水酒，一家人吃着、喝着，也其乐融融。破败老屋的梁柱上，兴许还贴着这样的联子：刚日读经柔日读史，怒气写竹喜气写兰。你读了大吃一惊，立刻对那个身上遍布补丁、满嘴土话的主人刮目相看。你要再和他叙下去，他也许会侃侃地聊起他的家谱。枝蔓清楚地续上几十代，源头还是中原的衣冠大族。家族里有的是尚书、翰林什么的，阔着呢！

一品锅完全是徽菜的特点，既重油，又重色。徽州多山，山里水硬，要刮油的，不吃些油腻之物，肚子难受。难得石氏好记性，让我们知道了道地的一品锅像宝塔一样有七层：最底层是笋类，还没拱出土的新鲜冬笋为上品，干豆角、干蕨菜也可充任；然后是切成长方形的五花肉；第三层为油豆腐，炸得松松泡泡的；第四层为鸡块；第五层为蛋饺或肉圆；第六层是乡村老豆腐，手工磨的；最上面盖着碧绿清爽的蔬菜。白白的蒜段、红红的干辣椒点缀其间。锅须是生铁锅，炉须是炭火炉，整个地端上来，热气腾腾，香气四溢，大快人心，大开胃口。别看里面水陆杂陈许多，其实，一品锅的点睛之笔是火功——没有两三个小时的文火慢煨，那成色是要大打折扣的。标志就是五花肉近似东坡肉，入口即化。那油层层渗下去，锅中之物能不让人大快朵颐?

现在一品锅的赝品太多。究其原因，一是原料缺二少三，以次充好；二是缺乏文火长时间的伺候，速成很便当，这色香味就全没了。现今人心浮躁，流行快餐文化，一品锅在此大背景下安能坚守如磐？我走过徽州许多乡镇，吃了不少火锅，但都觉的与真正的一品锅相距甚远。唯一可圈可点的是去年春节在老友飞立家吃到他岳母做的锅子，似可与石氏笔下的相媲美。该有的都有了，那肉圆子更是好吃，至今还颊齿留香：猪腿肉细细剁就，羼进了冬笋丁、荸荠丁、香菇丁和海米。直径一尺五的大铁锅占了半个圆桌面。美中不足的是底下烧的是酒精。没有了炭炉子和硬帮帮的栎炭，好像就差了点境界。

佛跳墙

福州的H先生见我来榕城了，便约我第二天去吃佛跳墙。之前我与他曾谋面两次：第一次握手寒暄，互递名片；第二次亦如此。这次他如此厚爱我，我有些受宠若惊，这可是我垂涎已久的一道名菜啊！几十年前就听说了，西哈努克亲王、里根总统都吃过的。

第二天上午台风带来的暴雨刚歇，他就开车接我了。虽是盛夏，雨水洗过的福州，倒也清新怡人。闽江穿城而过，宽阔浩荡，虽没有婉约的灵性，江海连接处还是很壮观的水天一色。天色尚早，H先生就领着去看南后街。到后才知道，此乃中国历史文化名街——三坊七巷也。一看林则徐、严复、林觉民、冰心、林徽因皆在此生活过，痕迹犹存，不由得脚步轻缓起来。坊巷纵横，石板铺地，白墙瓦屋，曲线山墙，临街的店铺，不少是闽地风味小吃。我们进去吃了碗外形似馄饨的“肉燕”，所谓的“肉包肉”，即皮是用肉打成的，薄如蝉翼，鲜美无比。这里还有展示福建风情民俗的馆所，林林总总，眼花缭乱，也没留下多少印象。倒是一幅对联让我品咂了好一阵子：桃花春风一杯酒，江湖夜雨十年灯。回来后才知道它是黄庭坚撰的。进进出出，走来走去，我突然发现H先生想得周全、细致：佛跳墙乃闽菜第一招牌，受用之前，得恶补一下八闽大地的历史文化，顺便也练练脚力，活动身体，把胃口腾腾空。

佛跳墙之所以名扬四海，名字甚是重要。江浙一带说菜肴好吃，会夸张地说眉毛都鲜得掉。可惜不精炼，做菜名谁记得住？有一种传说的是唐朝的高僧玄荃，在往福建少林寺途中，路过福州，夜宿旅店，正好隔墙人家以“满坛香”宴请宾客，高僧嗅之垂涎三尺，顿弃佛门多年修行，跳墙而入一享“满坛香”。更流行的说法是佛跳墙原名福寿全，光绪年间福建布政使周莲的衙厨郑春发，在主人家学成烹制此菜方法后加以改进，郑春发后来开“聚春园”菜馆，即以此菜轰动榕城。有一次，一批文人墨客来尝此菜，当福寿全上席启坛时，香气四溢，其中一秀才诗兴发作，也想卖弄一下，当即吟道："坛启荤香飘四邻，佛闻弃禅跳墙来"。从此改名为佛跳墙。由此可见，饮食是离不开文化的，秀才也没有白吃白喝。现在一些饭店的菜肴挺不错，就是菜名俗不可耐，得请文化人去吃喝呀!

当我们刚走进一家以做佛跳墙闻名遐迩的老店，就拉长了鼻子搜索起来，气息却与一般酒店无异。我们若有所失地入室坐定，看一道道菜流水般地上。H先生殷勤地请吃，我们则矜持地吃请，毕竟压轴菜还没上，得悠着点。当酒过五巡，一个古朴的小坛端放在眼前，我竟有了些当众开彩的感觉。据说原汁原味的佛跳墙有十八种主料，十二种辅料，犹如一部票房极高的大片，众大腕荟萃云集。我面对这道佛跳墙估计是个简约版。海参、干贝、鹌鹑蛋、猪肚、香菇、笋尖、蹄筋、火腿一应俱全，高贵的鲍鱼身居其中，只是个头很袖珍。已经很好了，你还以为自己是国宾了？！咋看颇含蓄内敛，稍稍一拨拉，酒香与各种香气混合的气息袅袅而出，直入心脾，很撩人的。尘根未断的和尚确实难抵诱惑，若遇上鲁智深之流，不知多少坛才够他消受。行文至此，口中腺体分泌又活跃起来，恕不能将其味之妙一一铺陈道来，只能作如此宏观表述：软嫩柔润，浓郁荤香，酥而不烂，味中有味。不足之处是汤汁上漂着一层油，肥腻了些。喧宾夺主，盖了海鲜的风头。闽菜的风格使然。

酒酣菜饱，我与H先生又车里车外拱手道别。望着他喝得酡红的脸，一再邀他去我老家徽州一游。见H先生欣然应诺，我想去了该请他吃什么呢？就腌笃鲜吧，算是徽菜里的一道功夫菜，文火慢炖，也要几小时的时间啊!